雨花台烈士传丛书

姚佐唐传

肖振才 哈鸣 著

江苏人民出版社

图书在版编目（CIP）数据

姚佐唐传/肖振才,哈鸣著.—南京:江苏人民
出版社,2025.6
（雨花台烈士传丛书）
ISBN 978-7-214-26450-3

Ⅰ.①姚… Ⅱ.①肖…②哈… Ⅲ.①姚佐唐
(1887—1928)—传记 Ⅳ.①K827＝6

中国版本图书馆 CIP 数据核字(2021)第 161351 号

书 名	雨花台烈士传丛书——姚佐唐传
著 者	肖振才 哈 鸣
特 约 审 稿	田艳丽
特 约 编 辑	姚江婴
责 任 编 辑	汪意云
装 帧 设 计	刘葶葶
责 任 监 制	王 娟
出 版 发 行	江苏人民出版社
地 址	南京市湖南路 1 号 A 楼,邮编:210009
照 排	江苏凤凰制版有限公司
印 刷	南京艺中印务有限公司
开 本	718 毫米×1000 毫米 1/16
印 张	9.75 插页 2
字 数	137 千字
版 次	2025 年 6 月第 1 版
印 次	2025 年 6 月第 1 次印刷
标 准 书 号	ISBN 978-7-214-26450-3
定 价	36.00 元

（江苏人民出版社图书凡印装错误可向承印厂调换）

目 录

002

目

录

003

引 子

在南京雨花台革命烈士纪念馆展厅里，有一幅 18 寸的照片，是 1924 年姚佐唐和罗章龙、王荷波在莫斯科的合影。凝望着姚佐唐仅存的这张相片及当年他使用过的裹着红绸的铁锤，我们的心情久久难以平复。

姚佐唐，1887 年 5 月 20 日出生于安徽桐城，清中叶著名散文流派"桐城派"大家姚鼐的后人。作为姚家的子孙，他从小就立志用功读书，长大后报国为民。

为了生存，更为了追求真理，1919 年春，他从郑州、彰德、信阳铁路机厂辗转千里，几经坎坷来到徐州，在陇海铁路铜山机厂打工。五四运动中，他积极投身和带领徐州铁路工人参加声援北京爱国学生的运动，学习革命思想和先进理论，开始接受马克思主义。1921 年 11 月，为反对陇海铁路当局虐待工人、裁人减薪，他挺身而出，策划、串联并发动了陇海铁路全路大罢工。罢工得到中国劳动组合书记部的大力支持,在罗章龙等工运领袖指导下,陇海铁路大罢工深入开展,横贯中国东西的大动脉陇海铁路一度陷于停顿,罢工取得了完全胜利。

1922年1月,在开封召开的陇海铁路工人代表会上,他被选为陇海铁路总工会执行委员会委员长。同年初,他加入北京大学马克思学说研究会。2月,经李震瀛介绍加入中国共产党,随后任中共陇海铁路徐州(铜山)站支部书记、陇海铁路总工会委员长等职。后经李大钊、罗章龙等推荐,成为中国劳动组合书记部北方分部负责人之一。1923年2月,姚佐唐作为劳动组合书记部北方分部代表和彰德铁路工会委员长,参加了京汉铁路总工会成立大会和京汉铁路大罢工。

1924年6月17日,共产国际第五次代表大会和赤色职工国际第三次代表大会在莫斯科召开。遵照中共中央的指示,姚佐唐与李大钊、王荷波、刘清扬、罗章龙等人参加会议,并被推选为共产国际青年委员会委员。在赤色职工国际代表大会上,他代表中国工人阶级慷慨发言,赢得与会各国工人代表的热烈掌声。1925年,受党委托,他组建并领导铁道队,在京汉、津浦铁道线上展开了"讨吴(佩孚)援冯(玉祥)"的战斗。1926年,他义无反顾地参加了北伐战争,担任国民革命军总司令部直属铁道队负责人。在攻打武昌的激烈战斗中,他身负重伤,后在治疗中被截去左小腿。1927年受党组织委派,伤愈不久的姚佐唐重回铁道队。

北伐军占领南京后,姚佐唐随军来到南京从事军事和工运工作。南京四一〇反革命政变后,南京党组织遭到严重破坏。铁道队支部拥有数十名党员,由于组织严密没有暴露,成为大革命失败后南京地区较完整保存下来的唯一的党组织。此外,姚佐唐还积极创造机会,通过扩编铁道队来掩护和营救了近百名地下党员和进步青年。

不久,李大钊被奉系军阀逮捕。姚佐唐积极组织北方铁路工人,准备武装劫狱营救李大钊。李大钊得悉后坚决反对,不愿意同志们为了他作无谓牺牲。姚佐唐只得尊重他的意愿。1927年4月28日,北洋军阀政府不顾社会舆论的强烈反对,将李大钊等20位革命者绞杀在西交民巷京师看守所内。姚佐唐得知消息后泣不成声,以后很长一段时间都为自己的无能为力而自责、心痛。

大革命失败后,姚佐唐与中共江苏省委派到南京开展工作的刘少猷、黄国材等同志秘密接上关系。在白色恐怖下,他想方设法营救被敌人追捕的同志,继续开展革命斗争。不久,中共江苏省委派孙津川担任南京市委书记。在艰苦的环境和斗争中,姚佐唐与孙津川并肩战斗,建立了深厚的革命友情。由于姚佐唐在国民政府军事委员会特殊的身份,南京下关兆庆里的姚宅几乎没有引起过军警特务们的注意,遂成为市委的一个重要地下联络和开会地点,孙津川经常与其他市委领导在这里碰头,商讨工作,领导和指挥南京的地下斗争。

1928 年 7 月的一天,由于叛徒出卖,孙津川等人来姚宅开会时,遭反动军警的突袭,孙津川等人当场被捕,姚佐唐侥幸逃出魔爪。危急关头,他从容安排好善后工作,来到上海,辗转多日,终于与党组织取得联系。一天,姚佐唐与组织委派的同志接洽后回到旅店,即被叛徒认出,当场被捕。随后姚佐唐被押往南京,关押在首都卫戍司令部看守所。在狱中,他经受了敌人的威逼利诱和严刑拷打,始终保持了一个共产党员的革命气节。

在狱中,姚佐唐曾深情地对妻子宋杰华说:我是为革命而死的,死不足惜! 你们不要难过,好好带着孩子们过日子,以后会有人帮助你们的。

1928 年 10 月 6 日,一群国民党军警如狼似虎地涌进监狱。为了防止姚佐唐和孙津川等同志高呼革命口号,军警用布条堵住他们的嘴……枪声响起,姚佐唐炽热的心跳止于 41 岁。

姚佐唐牺牲后,宋杰华在极度悲伤中挺着大肚子离开南京,回到桐城老家,寄居在其胞哥宋炎西家,生下了遗腹子姚连生。在党组织的关心和亲友照料下,宋杰华及其子在家乡艰苦度日,终于迎来了新中国的诞生。

第一章
出名门　苦难的童年时代

麻溪姚氏

青山逶迤，绿水潺潺。绵延百余里的龙眠山，峰峦叠翠，风光旖旎。这里就是姚佐唐的家乡桐城，也是姚佐唐祖辈世居的地方。

桐城，古称"桐国"，因其地适宜种植油桐而得名，又因地处安徽腹地，素有"七省通衢""江淮第一城"之美誉。其位于长江中下游的北岸，大别山东麓，安庆市北部，东邻庐江、枞阳两县，西连潜山县，北接舒城县，南抵怀宁县和安庆市区。境内地势西北高东南低，山地、丘陵、平原呈阶梯分布，气候温和，雨水充沛，四季分明。

作为江淮文化圈的发祥地和集中地之一，桐城历史悠久，文风昌盛，民风淳朴，尊师重教，历史胜迹，瑰丽多姿，人文景观与自然风光交相辉映。唐代著名诗人曹松,北宋著名画家李公麟,明朝宰相何如宠,明朝著名哲学家、科学家方以智,散文大家姚鼐等都久居于此。以"六尺巷"为代表的众多的民间故事与传说,成为城市特有的品质和代表。多彩多姿的民俗,《高拨子》《十番锣鼓》等民间音乐作品,独具特色的民间舞蹈和民间谚语,以及彩绘、编织、雕刻、刺绣、纸扎等民间工艺等,都具有深厚的群众基础和蓬勃的发展活力。

七省通衢的桐城牌楼

姚佐唐祖先麻溪姚氏,原籍浙江省余姚县。清道光年间所编《续编桐城县志》记载:明代早期,其先祖姚胜三随父官居安庆,后在桐城大宥乡麻溪河畔落户。秉持传统的"耕读传家"的生活理想,为光大门庭,姚氏先祖以孝、义为家训警策后人,不断繁衍发展。明景泰二年(1451),五世祖姚旭举进士,官至云南布政使司右参政,告老还乡后,定居县城。清姚鼐在《桐城麻溪姚氏宗谱》序言中写道:"吾祖先世,本于田农。"自姚旭始,著书立学和入仕者渐众。以后,姚氏之族人文蔚起,成为著名的文化世家和仕宦望族。

姚氏先祖自麻溪河迁居桐城县城后,仍称"麻溪姚家"。传至姚鼐之时,姚家已在县城定居300余年。第16世至18世,是姚氏家族最为鼎盛的时期。姚鼐即姚氏之族第16世公,也是家族中声名最为显赫的人物。

姚鼐(1731—1815),与方苞、刘大櫆并称为"桐城三祖"。乾隆二十八年(1763),姚鼐中进士,任礼部主事、四库全书纂修官等,40岁时辞官南归,以著述讲学为生,先后主讲于扬州梅花、江南紫阳、南京钟山等地书院40多年。著有《惜抱轩全集》等,编选有《古文辞类纂》,被盛誉为"中国古文第一人"。

姚鼐之后，麻溪姚家人才辈出。乾隆二十六年(1761)，姚棻中进士，历任广东按察司，江西、贵州、云南、福建巡抚。乾隆五十七年(1792)，第17世姚景衡中举人，任江苏泰兴知县，著有《思复堂集》。嘉庆十年(1805)，第18世姚元之中进士，官至左都御史，内阁学士，遗著《竹叶亭笔记》10卷。嘉庆十三年(1808)，16世姚乔龄中进士。嘉庆十六年(1811)殿试，授内阁中书，改湖南知县，著有《听松阁诗文集》；姚莹中进士，官至广西按察使，保台抗英名臣，著有《东溟文集》《后湘诗集》等；姚维藩中进士，授庶吉士，改山西石楼县知县，著有《天放斋诗文集》。道光二年(1822)，姚柬之中进士，授贵州大定府知府，著有《漳水图经》、《伯山日记》若干卷、《伯山诗文集》18卷。

民国年间印制的姚氏家谱

时光荏苒，光阴似箭。历史的车轮转到19世纪末，麻溪河畔依然风景秀丽，桐城文庙前依然人头攒动。

光绪丁亥年四月二十八日(1887年5月20日)①，城关镇北门方家老屋的门前响起一阵鞭炮声，引来不少人驻足张望，原来姚家又添丁了。

方家老屋的主人姚永沂，字仲和，号少初，姚鼐的四世孙，道光丙午年五月五日(1846年5月29日)生，时年42岁。他一直在上海江南造船厂做工，算好妻子生产的日子，从上海赶回，满心以为妻子能为他再添一个女儿，谁料又生个儿子。

新生儿的母亲姚张氏婚配姚永沂后已经有了两个儿子。长子姚佐亮，字墨斋。二子姚佐辉，字朴斋，时年4岁。据《桐城麻溪姚氏宗谱》记载，姚佐唐出生时已有两个哥哥两个姐姐，由于旧式族谱重男轻

① 此前惯用出生时间为1898年，现根据最新发现的档案加以更正。

女，一般男子记得较为详细，女子只记婚配情况，字没有，名不记。他两个姐姐的名字，已无从知晓。

当晚，一家人坐在小饭桌前吃晚饭。姚永沂对妻子说：娃儿就叫佐唐吧，这个势道是越来越坏了，唐、宋、元、明、清，还是李家唐代好一些，怎么样？妻子知道，按族谱，自他们这一辈开始，排辈为"永、佐、大、成"，以示祖辈血脉传承。妻子接话说：行，那字就叫琴斋吧。

麻溪姚氏家谱：卷十七 七六

姚永沂虽为名门望族之后，但从他祖父开始已是弱房。自父辈分家，姚永沂所承祖产本来有限，祖、父两代又没有什么作为，以务农和打临工为生，家境一天不如一天。祖父在世时，家中尚有仆妇四人供差役，到他这一代，便不得不将旧宅大部售出。姚永沂成年结婚后，开始自立门户，家里最后一名女仆也只好裁减，家务都由妻子姚张氏操持。自从长子佐亮出生，他便不得不丢下孩子，与族人外出做工，终年奔走在他乡，后来在上海江南造船厂打工，挣得微薄工资。姚张氏在家守着城外的几亩薄地，帮衬维持家计。尽管夫妻俩起早摸黑地辛勤劳作，全家仍难得温饱。

姚张氏也是出身桐城名门，为清初大学士名臣张英的后人，监生张连陞的千金。

在桐城，流传着这样的俚语：父子宰相府、五里三进士、隔河两状元。说的就是张英、张廷玉父子，又称之为"大小张相"。张英（1637—1708），安徽桐城人，清康熙二年（1663）举人，康熙六年中进士，清朝大臣，也是著名大臣张廷玉之父。张英为人淡泊，为官谨慎。康熙四十年，张英获准退居乡里，康熙御书"笃素堂"匾额相奖，称赞他"始终敬慎，有古大臣风"。据《桐城县志》记载，康熙年间，张英的家人与邻居吴家在宅基地问题上发生了争执，由于两家住宅都是家族祖上的宅基，时间久远，界限已难以分明，双方无论如何都不肯退让，并将此事闹到官府。由于双方都颇有来头，县令也没有头绪，难以了断。难分难解之时，张家人写了一封家书，千里迢迢送到京城张英手中。可是万没想到，张英看完来信后，回了一页不足30字的小诗，令家人顿感羞愧，立马撤回诉状，并在争执的宅地界上让出三尺。原来这封传为佳话的信中说："千里家书只为墙，让他三尺又何妨。长城万里今犹存，不见当年秦始皇。"吴家见张家让出后，也留出三尺地界。张廷玉（1672—1755），大学士张英次子，康熙三十九年（1700）进士。清康熙时任刑部左侍郎，雍正帝时曾任礼部尚书、户部尚书、吏部尚书、保和殿大学士（内阁首辅）、首席军机大臣等职。

虽是家道衰落，但姚张氏自幼知书明理，志当贤妻良母，十分注重教育后辈，家境再艰难，也要培养孩子读书向上，即使为此典衣卖物也在所不惜。

童年悲惨的际遇在佐唐的脑海里投下了浓厚的阴影，也播下了对旧社会仇恨的种子。从姚佐唐留下的零碎自传以及他与同事的交谈中，可以得知他当年的境况：从他出生前已是个破产的富裕农民，可能是因为刚破产，那种"城楼虽破，更鼓还在"的小知识分子的体面仍然很勉强地支撑着他的精神世界。为了生存，不得不在社会的底层拼命挣扎。

从童年到少年，姚佐唐常听父母和亲友们讲先祖的遗闻逸事。但时迁势移，昔日旧礼教的族规、家训已日渐不合时宜。封建的大家庭已经分化，桐城姚氏后裔在中华民族的汪洋大海中，为生存、谋发展、求上达的方式与内容都有了根本性的变化,但家族提倡的"富贵在天,惟学在人""戒奢靡,尚勤俭,或耕或读,务正业,以培根本"的家训,依然激励着后人自强不息。

少年才俊

桐城城关镇北门方家老屋为姚家的祖宅,位于今天的桐城中学后面,中华人民共和国成立初期为城关镇北大街 12 号。由于城市建设和改造,现已荡然无存。姚鼐的"惜抱轩"已被圈入桐城中学内,其手植的银杏树依然生机勃勃,顽强挺拔地屹立在桐中校园的一角。

姚佐唐 2 岁时,弟弟姚佐虞出生。由于叔父姚永煦膝下无子,经族人见证,佐虞被过继给姚永煦做嗣子。

日子虽然过得困窘,但姚永沂一家人互敬互爱、相处和睦。对四邻八舍,母亲姚张氏十分慷慨,每每见到邻居无饭吃,便省下几口接济他们。父母的言传身教,在姚佐唐幼小的心灵上留下深刻的印记,潜移默化地改变着他的行为举止。

光绪癸巳二月十二日(1893 年 3 月 13 日),姚佐唐刚刚 6 岁时,父亲姚永沂在上海江南造船厂暴病去世,终年 48 岁。在族亲的帮助下,16 岁的哥哥姚佐亮和大姐赶到上海将父亲草草埋葬。

吃饭的人多,干活的人少,姚家的生活更加艰难。父亲去世后不久,两个姐姐尚未成年就许配了人家。佐唐的大姐被许配给余姚同乡汪大经的儿子,二姐则被许给张训祜家为媳。

两个姐姐出嫁后姚佐唐开始跟着年长 4 岁的二哥姚佐辉到外公家办的私塾读书。

外公张连陞是道光年间入学的监生,饱读诗书,胸有大志,但因连续二次科举无望,不得不回到乡下开办教院,以执教乡邻子弟为生。张家的私塾在当地十分有名,这不仅仅是因其历史久远,师资多是落第秀才,更重要是在这个偏僻窄小的教舍里曾走出过位列公卿的张廷玉,以及众多进士举人。

受革旧鼎新教育思想影响,张连陛经常以先贤为例,讲授为民解忧、经世救国的道理,课堂上鼓励学子勤于思考,相互切磋。张家私塾规模较大,有三四间课堂,教育水平也较高,不像其他私塾的教师因程度差,只能教《三字经》《百家姓》《千字文》等,但学童仍是高低程度混在一起上课。张家私塾虽有革新,但在教育方法上,主要也还是先生讲,学生听,先读字,后讲义,再习作。进馆后,每月逢初一、十五两天,塾童都要在私塾内烧香烛,行拜孔子大礼。管理以"学以畏而成"为信条,常常滥用戒尺、藤条等体罚学生。

由于父亲早逝,弟弟佐虞被过继给叔叔,两个姐姐又早早出嫁,从小就言语不多,但很有骨气的姚佐唐自然得到了母亲姚张氏更多的疼爱。

作为张英后辈的姚张氏虽然没有进过学堂读书,但受先辈和家庭的影响,不仅能熟记《周礼》《诗经》中的名句,练得一手好字,更是熟读唐宋诗词。在家中,她不顾日间劳累,每晚必亲自检查姚佐唐和哥哥们的课业,每见有所长进则喜,若有所懈怠,必加体罚,即使老师原谅他们,她也不会放过。有时,姚氏兄弟没有机会读书时,姚张氏便亲任教师,不让孩子学业荒废。姚氏兄弟的《周礼》《诗经》二书,便得自母亲的口授。等孩子开始学作文时,姚张氏又亲抄范文数十篇,以唐诗百首为课本,督促学习。当姚佐唐苦读至深夜,伏案而睡觉时,姚张氏怜爱不已,常常故意借冬夜脚冷唤醒孩子,姚佐唐惊醒后忙上床为母"捂脚",抱母足而眠。

姚佐唐学习之余,母亲还时常给他讲故事,启发教育他不要学那些官僚恶霸欺侮穷人,要做一个对国家对人民有用的人。有空闲时,母亲还会带着他到文庙和先人姚鼐的"惜抱轩"故居,讲述桐城先贤的趣闻轶事,鼓励他用功读书,长大报国为民。六尺巷等名人遗迹,张秉文墓、戴名世墓、张廷玉和张英墓等,都是母亲经常带他去凭吊的地方。俗话说:"家贫出孝子"。先世的光荣,家境的衰落,生活的困苦和贤母的督教,深刻激励着少年姚佐唐,使他暗下决心:刻苦读书,扬先德,振家声,报效国家与社会,不负贤母的期望。

桐城六尺巷

"四海无闲田，农夫犹饿死。""赤日炎炎似火烧，野田禾稻半枯焦，农夫心里如汤煮，公子王孙把扇摇。"这些描述封建社会里农民苦难生活的古诗句，通过母亲的教导，姚佐唐都能背诵得滚瓜烂熟。

亲戚们和私塾先生都时常对姚张氏说：佐唐有慧根，是个读书的好材料！遗憾的是，没过几年，慈母姚张氏也因病不治。临终前，姚张氏嘱咐仅念过两年家塾的长子佐亮：家里要有一个像样的读书人，弟弟佐唐聪明可塑，你们要让他多读一点书。

姚佐唐的外侄女宋瑞兰十分肯定地回忆说："姚家的产业，在他父亲时就已破产，姚佐唐在很小的时候，他父母就已去世，他跟随着大哥生活，因此他没念过多少书，但聪明伶俐，自习了一定文化，闯出来了。"①

光绪癸卯年（1903），桐城学堂在距桐城不远的安庆府开课了。同年夏，16岁的姚佐唐作为插班生以优异成绩考入这所学堂。

---

① 宋瑞兰口述：《我所知道的姚佐唐》，1983年2月6日，存南京市档案馆。

遵照母亲的遗训,哥哥姚佐亮亲自将姚佐唐送到了桐城学堂的门前。

桐城学堂即今桐城中学的前身,晚清文学家、教育家吴汝纶先生于 1902 回乡创办。1905 年,桐城学堂从安庆迁到桐城,这是一所安徽省有历史记载以来最早的新式中学堂。建校之际,吴汝纶先生亲自撰写了楹联和匾额,文曰:"后十百年人才奋兴胚胎于此,合东西国学问精粹陶冶而成",匾额曰:"勉成国器"。从此,"勉成国器"成为桐中的校训,一直高悬在校门上。

吴汝纶自幼聪颖过人,博览群书,早著文名。同治二年(1863),他以县试第一名的成绩考取秀才,次年中江南乡试第九名举人,又次年,入京会试,中第八名进士,被录用为内阁中书。

光绪二十四年(1898),吴汝纶辞去官职,接任莲池书院山长之职。在莲池书院,他首创东、西两学堂,聘英国、日本教师授课,引导学生学习欧美、日本等国的先进科学知识。在与外国学人的切磋交流中,他深切地认识到科教兴国的重要性。光绪二十八年(1902),他取道上海,回到故乡桐城,开始实践他的办学思路。除了延聘当地名流出任堂长、教员外,他还从日本请来了早川新次等外籍教师,并确定了一系列办学宗旨,提倡"教、学、做合一",主张教育与实践相结合,以"勤、慎、俭、恕"为校训,严格治校,广泛购置宣传新科学的图书,着力加强理科教学,力使学生成为"济世之才"。

桐城学堂是吴汝纶的实验田,他注重学生的品行教育,引导学生端正为人、坚毅勇敢、热爱祖国。每年于春秋假日,他会亲率师生拜奠本县历代爱国忠良左光斗、戴名世、孙麻山等人之墓,向师生宣传他们不畏强暴、体恤黎庶、视死如归的高风亮节。在学堂隙地,吴汝纶设置世界、中国、安徽省和桐城县的地图模型,使学生与游园者增广地理知识、增强爱国爱乡的思想感情。

百年兴衰,弦歌不辍,正如校训所言,这里陆续走出一大批对中国政坛、学界、科苑等各个领域产生重要影响的大家名流。如美学大师朱光潜、两院院士陆大道等。直到如今,桐中仍保留着与校同龄的半山阁、姚鼐亲自植下的惜抱轩银杏树等遗迹。

在桐城学堂,姚佐唐不仅受到了四书五经的传统教育,而且接受了现代科学知识的熏陶。姚佐唐参加的是类似幼儿师范专科的学习。由于吴汝纶极力反对读书人鄙视体力劳动的恶习,在学校的号召下,姚佐唐和桐城学堂的老师们边学习,边劳动,利用课余时间开荒辟地,整修校园环境。

入学桐城学堂时,姚佐唐曾想通过刻苦学习,成为一名像吴汝纶那样的教育家。但是,现实是严酷的,科举已被废除,仅凭自己目前掌握的学问,做老师只能是梦想而已。离开学堂后干什么?到哪儿去?成为他和同窗们反复思考的问题。

失学后,佐唐除了帮助哥哥下地收拾地里的庄稼外,有空就与小伙伴们到文庙门前的小河旁玩耍闲谈。怀揣着对未来的憧憬,他们都迫不及待地想离开桐城,出去闯荡一下。

结伴北上

清光绪三十二年(1906)1月,春节刚过,一天晚上,一家人围坐在小饭桌前吃饭时,姚佐唐语气坚决地告诉哥嫂,准备明天和他的几个同窗,到合肥府谋个差事做做。大哥佐亮沉默一会说:也好,现在待在家里也不是个事情,出去闯荡一下,不行再回家。

第二天,已经快晌午了,在约好的文庙前的大树下,5个同学只来了3个。桐城到合肥旱路有100多公里,水路不仅较远,而且要等人乘满后才开,时间上没有把握。于是3个同学说说笑笑着登上了一辆载客的马车。

当天傍晚,马车停在合肥城关北门,几番打听,他们找到了同学张庆的舅父家,落下脚来。张庆的舅父在当地经营一个不大的杂货店,听说他们是来谋事的,面有难色地介绍了店里和当地情况,然后向他们推荐说:朝廷和洋人修建的京汉铁路就要通车了,你们可以到信阳府去看一看，说不定能谋个差事做做！

当晚，3个同学商议下一步方向时，张庆流露出准备留下帮助舅父打理杂货店，另一个同学因水土不服，闹起肚子，也不想再与佐唐同行。但在姚佐唐一番鼓动后，三人又重整行装，一路西行。

合肥到信阳约340多公里。他们每天饥一顿饱一顿，晚上尽量不找旅店，而在货栈码头或大户人家的屋檐下凑合。就这样，他们辗转到了信阳。

在信阳，姚佐唐和伙伴们第一次见到了火车。早在桐城学堂读书时，姚佐唐就听老师说过，清朝统治者一开始对修建铁路的事情相当抵制。就连李鸿章想修建一条45公里长的运煤铁路，都几次受到保守派的阻挠。终于建成后，却不得不采用骡马牵引火车车厢。不过，1894年，中国在甲午战争中战败后，掀起了一股修建铁路的热潮。铁路如雨后春笋一般，在各地纷纷修建。京汉铁路，遂在这个时代大背景下应运而生。

信阳，南离武汉约200公里，北到郑州300多公里，是河南省重要的交通枢纽。信阳城规模不大，转了几天，3个小伙伴都没有找到合适的事情做。但姚佐唐坚定地对小伙伴们说，不找到条生路，决不回桐城。

由于兜里的钱不多了，姚佐唐与一群穷苦青年登上装运木材的货车叮叮咚咚地去郑州。在车上，他遇到一位与他年龄差不多的安庆同乡。这位老乡告诉说，郑州是个大码头，他也是去郑州找事做的，同时告诉他，他的一位亲戚在郑州铁路上做事，可以一道去试试。

到了郑州，由于姚佐唐有一定文化，年轻力壮，具有一定竞争优势，很快被工头看中，遂作为郑州机车机修厂（简称郑州机厂）徒工被录用。

第二章

谋生机　辗转于郑州、徐州等地

定居信阳

　　1906 年 4 月 1 日,京汉铁路正式全线通车运行。在旧中国,京汉铁路的通车极具里程碑意义。中国第一次有了一条纵贯南北的交通大动脉,武汉成为这条交通大动脉的最大受益者,开始迈入火车、轮船齐发的水陆联运时期。京汉铁路东可至上海,西可达重庆,北可进京城,沿线省份,如河南、湖南、河北等地也受益匪浅。曾经默默无闻的郑州,因为地处京汉铁路及陇海铁路的交汇点,逐渐发展成为河南省的商业中心和交通枢纽,因此被称为"火车拉来的城市"。

　　郑州机厂是姚佐唐外出谋生打工的第一站。

　　为了便于机车和铁路维修,按照西方运输管理模式,京汉铁路线在一等大站设有分局,每隔 200 公里左右设 1 个三等站;每 500 公里设 1 个二等站,由分局管辖,另设 1 个机车和车辆修理厂;每千公里左右处设 1 个一等站,另设 1 个大型车辆生产和维修工厂。郑州为京汉线二等站,设有车站(运输)、机务、车辆、供电、供水、电务、信号等部门,各部门设段长 1 名、副段长若干名,下设工区和班组。郑州机厂隶属机务段管理,主要负责机车的正常保养和维修,车辆的生产和大修由路局统一调度,是分局重要的技术部门。

在郑州机厂,姚佐唐开始做些搬运、擦拭、加油等杂活,工作熟练后,就跟在洋工匠后面做些车辆的保养和小修。姚佐唐终于可以用手触摸火车这个庞然大物的部件,为它们清洗加油。虽然经常起早摸黑,满身油污,但是当姚佐唐拿到自己人生的第一份薪金时,还是感觉很满足。这样的生活,相较农村的日子可强多了。

由于吃苦耐劳,办事灵活,工头随叫随到,不久,姚佐唐被提升为见习机匠。虽然郑州距老家桐城较远,但是作为铁路工人可以随时乘顺便货车,或冒充列车服务人员乘票车(客车)"揩油"回到信阳,再转道回去。

在郑州机厂,聪明好学的姚佐唐还利用难得的工余时间参加了路局交通系举办的交通传习所和扶轮学校的培训学习。

交通传习所是北洋军阀政府以梁士诒、叶恭绰为首的交通系为培养合格的铁路工人而开办的业务培训机构,分初级、高级两个部分。初级班主要讲授一般操作知识和基本理论,高级班则涉及机车、运输的维修、生产和管理等方面的内容。

路局交通系在郑州不仅开办了交通传习所,还开办了扶轮学校,以拉拢工人的帮会团体,争取铁路工人的信任。扶轮社是一个世界公益性组织,创立于美国。资料记载,中国第一个扶轮社(Rotary Club)成立于上海。20 世纪初,中外贸易往来频繁,尤其是上海,因为开埠较早,租界发展繁荣,为扶轮社进入中国提供了契机。随着在沪中外精英的加入,扶轮社在中国产生了巨大的影响力,并得到迅速发展,鼎盛时期全国有 30 多个城市成立了扶轮社。北洋政府交通系以"扶轮"之名也在郑州、天津、北平开办一些具有救济性的扶轮学校,传授文化知识和职业技术,学员不分年龄、性别、民族,只要提出申请,交纳书本和杂费即可入学。

在郑州打工期间,姚佐唐不仅初步掌握了机车维修技术,结交了一些新朋友,而且开始接触了新思想,特别是经历了辛亥革命的时代变革。

1911年10月10日武汉首义后,姚佐唐热切地关注着革命军的行动。只要一有空他都要跑到街头的报摊上,贪婪地阅读报刊上革命军的消息。他和众多市民举着五色旗,在郑州街头不停地欢呼雀跃,为革命军的每一个胜利而欢欣鼓舞,为革命军光复每一个城市而高兴。

辛亥革命的胜利,颠覆了姚佐唐过去存在的忠诚朝廷就是爱国的思想。但是,作为中华民国临时大总统的孙中山,后来却自己宣布解除临时大总统职务。以后又有袁世凯黄袍加身,复辟帝制。这一切,都给姚佐唐留下了诸多困惑。

面对纷纭变幻的时事,为探求真理,也为了寻找自己的人生坐标,姚佐唐不断求索着。

当局组织的学习和培训大多是工余时间和节假日进行,为了掌握更多的知识,也为了多挣些工资补贴家用,姚佐唐五六年没有回家了。在哥哥嫂子的催促下,这年底,姚佐唐回到他一直眷恋的桐城老家。

眼前的景象依旧,只是门前父亲栽下的老槐树长粗长高了不少。尚未进门,两个哥哥的孩子们就扑了上来,叽叽喳喳叫着叔叔。他忙将带回的小礼物掏出来,分给孩子们。年龄四十不到的哥哥,看上去却像是五十来岁的人。见姚佐唐回来,十分高兴,手忙脚乱地递水送烟。听说这年家里的收成不好,大侄儿出去打工钱没有挣到,还病了一场,姚佐唐就将攒下来的七八块银元一起掏了出来,交给家里补贴生活。之后,姚佐唐再次踏上外出打工之路。

途中,姚佐唐发现信阳铁路机务段也在招工,随即前往面试。招工的包工头见姚佐唐工作熟练,又带他去见了一名外国工程师。就这样,姚佐唐决定不再远行,就在信阳落脚。

信阳铁路机务段离火车站不远,工厂规模较郑州小,设备、人手都较郑州少了一些,地址大约位于今天的铁路大修厂一带,即信阳羊山街一带。但工作性质与郑州机厂差不多,主要是负责机车维修保养,也生产一些机车的零部件。

在信阳落脚后不久,姚佐唐接到大哥的来信,又回到家乡。原来,大哥大嫂给他张罗了一门亲事。

于是,姚佐唐与宋杰华姑娘认识了。

宋杰华,桐城晓棚西宋家唐庄人氏,说起来是姚佐唐的表妹。按《麻溪姚氏家谱》记载,宋杰华为候选未入流宋吉孚之女,1896 年生。所谓"候选未入流",说的是宋吉孚曾参加科举而未被录用。与今天婚配习俗不同的是,旧时大户人家十分讲究门当户对,而由于交通、信息的闭塞,不可能有那么多的门当户对,故"亲上加亲"在偏远农村成为一个普遍现象。据宋家后人口述,当时宋家家业庞大,人丁兴旺,一开始还瞧不起已经破落的姚家,后来经媒人反复撮合,宋杰华父母也觉得姚佐唐身材英挺,白白净净,又能识文断字,谈吐不凡,还在铁路上有份工作,才没有棒打鸳鸯。

宋杰华见了姚佐唐后,也十分中意,遂成大事。

1916 年春节后,姚佐唐带着宋杰华拜别家人,来到信阳。在距车站不远的羊山街一间租赁的小房中,他们请来了几位工友,简单热闹地办了婚事。

1917 年 1 月 25 日,年近 30 岁的姚佐唐第一个孩子出生了。为纪念自己在郑州打拼的日子,姚佐唐给孩子起名为"姚郑生"。[1] 但始料未及的是,由于他起早摸黑工作,没有时间照料妻儿,再加上生活贫困,无医无药,年轻的宋杰华也没有照料孩子的经验,孩子出生 3 个多月就因病夭折了。据《桐城麻溪姚氏宗谱》记载:"佐唐,仲和公第三子,字琴

---

[1] 姚淑华(1914 年生)口述:《我所知道的姚佐唐烈士一些情况》,1983 年 11 月 21 日于铜陵,存雨花台纪念馆。

斋,光绪丁亥四月二十八日(1887年5月20日)生,娶候选未入流宋吉孚之女,光绪丙申十一月二日(1896年12月6日)生,生二子,郑生、彰生,殇一女。""郑生,琴斋公第一子,民国丁巳正月三日(1917年1月25日)生,三月十日殇"。也就是说,在郑生之后,佐唐还有一个女儿也是夭折的。

同年11月7日,俄国十月革命爆发。《民国日报》自11月9日起连续3天报道了这一重要消息,标题是《欧洲战电》《突如其来之俄国大政变》等。

十月革命的胜利,使姚佐唐与他的伙伴们思想焕然一新,精神为之一振。他如饥似渴地找来各种报纸杂志仔细阅读,开始接受马克思主义和社会主义思想,逐步意识到工人阶级只有通过斗争才能推翻反动的统治阶级。

由于姚佐唐见多识广、健谈,又有一副热心肠,工友们一有闲暇,就聚集在他的周围听他讲那些轶事,也讨论起报刊上有关革命和劳动问题的文章。很快,姚佐唐结交到了一帮工人朋友。

同年秋,一位与姚佐唐同班的安庆老乡因赶工,在修理机车时腿不慎被工件砸伤,机务段领班不仅不给予及时治疗,还要克扣他的工资来赔偿损坏的工件。姚佐唐挺身而出,带着另一位同事与领班交涉。交涉无果,又去车站找到站长理论。最后,机务段不得不补发了这位工友的工资,并将他调整到不用爬高上低的岗位。

但因为此事,姚佐唐与信阳车站当局结下了梁子,成为远近闻名的"刺藜头",不断受到车站和机务段监工的刁难。后来,一名桐城老乡告诉他,彰德火车站桐城老乡比较多,机厂工友还成立有一个桐城帮。在老乡指点下,姚佐唐干脆辞职到了彰德火车站,仍然做机械修理的老本行。

因为信阳离家乡较近,在彰德打工期间,姚佐唐没有搬家。

1919年1月,姚佐唐的第二个儿子彰生出世。

铜山做工

1919 年春，工友刁玉祥拿着一张从墙上撕下的布告，兴冲冲地告诉姚佐唐，陇海线的铜山站正在扩建铁路机厂，规模将比信阳机务段大得多，急缺熟练技术工人，待遇也比信阳、彰德都要好。

铜山站地处津浦、陇海两大铁路干线咽喉要冲，原名孟家沟站，今为徐州北站，北距北京约 800 公里，南距上海 600 多公里，是当年仅次于郑州站的第二大货运编组站。

1915 年，陇海铁路修到徐州后，在北城门外修建了铜山火车站。铜山火车站是陇海线上知名的一个欧式建筑，建设得十分气派：绿色的栅栏，黄色的墙体，两层的站房，高大敦实，天花板上装饰着精美的图案，凹凸起伏。候车厅可以同时容纳 100 多人候车，门窗也高大亮堂。

陇海铁路铜山火车站(1921)

铜山机厂又称徐州铁路大厂，直属陇海路局领导，为机务处下属，建厂时从天津、胶州、德州等地招来 400 多名技术工人，是当时徐州规模最大的工厂。为修理津浦铁路北段和陇海线不断增多的机车、客货车辆不断扩建扩招，至 1920 年前后有 1000 多名工人。

　　姚佐唐顺利地考入了铜山机厂当了一名机匠，只是工薪待遇与彰德的也相差无几。好在姚佐唐年轻热情，又肯钻研，吃苦耐劳，不久就深得工人们的好感与信任，很快由机匠升任机车领班。

铜山机厂一角

　　从郑州到信阳，再到徐州务工的经历，既是姚佐唐向往真理、追求真理的实践，也是被生活催迫为之。正如姚佐唐 1926 年时在《一个革命战士的回忆》中所说："因为我生性好活动，时常被路局注意，前后调动工作五次，总不让在一个地方长期停留。"①

　　由于陇海铁路是清政府向法国、比利时借款而筑，20 世纪 20 年代初，法、比帝国主义者控制着铁路的管理权，他们与北洋军阀政府、地方军阀相互勾结，对中国铁路工人进行残酷的政治压迫和经济剥削。工人在政治上受压迫，经济上受剥削，生活上受虐待，过着暗无天日的生活。当时的用工制度实行封建包工制，相当数量的工人都由各工头负责招来，工人与工头的关系既有同乡、宗族的关系，又有剥削与被剥削的关系。在包工制下，工头拥有用工的大权，可以任意解雇、招揽工人。机厂工人又分底工（基本工人）和临时工，底工是不能随便辞退的，而临时工则干一天算一天。厂里有明文确定，临时工满 6 个月就可以转正，

---

　　① 姚佐唐：《一个革命战士的回忆》，载河北省政协文史委员会编《河北文史资料》1982 年第 8 辑，第 31 页。

但工厂大量使用的是临时工,有的干五六年了还是临时工。工人全年劳动时间虽然定为 340 天,但星期日却不能休息,每月只能分班休息 1 日或 2 日。工人每天劳动时间一般都在 10 至 12 个小时,有时竟达十六七个小时。在铁路系统的各机厂和车站,雇佣外籍人员很多,但外籍员工的工薪却较国人的薪金高数十倍或百倍。

工厂由外籍洋人掌控,工人们直接受着帝国主义的残酷压迫。洋人打骂和侮辱中国工人的事件时有发生。这还不算,工人为了生活,不得不仰鼻息于工头。进厂工作时,工人须向工头缴纳一笔佣金,入厂后须定时给工头一笔酬劳金,逢年过节还要送礼物,因此,工人拿到手的工资极其微薄,难以养家糊口。

姚佐唐时常与这些整日赤身裸背、衣衫褴褛的工人们聚在一起,咒骂万恶的社会,有时也趁工头不在消极怠工,故意破坏工具、设备,发泄内心的不满。

从郑州、信阳、彰德再到徐州的务工经历,使姚佐唐对这个社会有了新的认识。到处都一样残酷的现实,令他苦苦思索着造成这样现实的根源到底在哪里?

1919 年 5 月,全国各地爆发了声势浩大的五四爱国运动。古城徐州也掀起了汹涌的浪潮,徐州城内及丰县、沛县、萧县、砀山、邳县、睢宁、铜山、宿迁学界反响强烈,他们以各种方式声援、支持北京学生。5 月 10 日,耶稣教会开办的徐州培心书院(今徐州五中前身)爱国学生致函全城各校,筹备组织学生联合会,并准备于当日召开大会,响应北京学生反帝爱国的正义行动。5 月 14 日,培心书院学生联合省立第十中学、第七师范、第二高等小学等校学生数百人,在徐州城南泰山庙又召开声援北京学生的大会。学生们手执写着"还我青岛、快用国货、同胞速醒"字样的白旗,沿路散发传单赴会。学生们慷慨激昂的演讲自上午 10 时起至下午 3 时结束,听者无不为之动容,有人当场撕毁戴在头上的日制草帽以及东洋纱带。5 月 26 日,沛县各公共机关及县属市(集镇)、乡董(行政管理机构)在体育场召开国民大会,到会的绅、商、政、学各界达 1000 余人,各界代表陆续演说 3 个小时,当场烧毁一大批日货。

当月下旬的一天，徐州府属的学生代表聚会徐州，成立八县学生联合会。上海学生联合会的代表也来徐州参加会议，致辞和演讲哀痛恳切，许多听众感动得流下眼泪。

姚佐唐以极大的热情积极投入到这场运动中：带领工友们参加游行集会，为学生出谋划策。在他和工友们的努力下，6月11日津浦、陇海两线的徐州、铜山各站，按沪宁各商号来电，当日起停运日货南下。同时，他们还配合徐州学生调查日货委员会，"日夜轮班往东、北两站切实调查，严行抵制"。①

《新青年》劳动节号和《劳动界》

五四运动后，姚佐唐通过接触青年学生和进步人士，搜集了许多过去没有看过的进步报纸、刊物，如《新中国》《新青年》《时事新报》《劳动界》等。他开始自觉地接受各种进步思想，不仅自己认真阅读，还在工友中广泛传播。国内外劳工解放运动的消息开拓了姚佐唐的眼界，使他意识到无产阶级受苦难、遭奴役的社会根源，懂得了只有斗争才是消除阶级压迫、求得民族解放的唯一出路。从此，他更积极地行动起来，主动与来徐州进行革命宣传的进步学生交流，投身铁路工人争自由、反虐待的斗争。

---

① 中共江苏省委党史工作委员会、中国第二历史档案馆编：《五四运动在江苏》，第347页，江苏古籍出版社，1992。

筹建"老君会"

到徐州工作不久,姚佐唐将家也从信阳搬到徐州,居住在离铜山机厂不远的三官庙一带。

其时,全国铁路基本上都受外国资本家代理人、军阀集团、北洋政府三大反动势力统治。陇海铁路是靠比利时借款修建的,根据合同规定,比利时的资本家及其代理人掌管着路政大权,他们掌握着铁路上的计划、人事、财务、材料、行车调度的权力,事实上又有确定铁路客货运价的实权。这是陇海铁路上的第一种势力,代表着帝国主义的利益。第二种势力是北洋军阀政府以梁士诒、叶恭绰为首的交通系的政治官僚集团。当时,北洋军阀政府内阁虽然经常更换,但交通总长多由交通系充任,他们指使其爪牙利用同乡关系拉拢一部分工人组织团体,破坏工人阶级队伍的团结,争夺铁路工人群众。在陇海铁路上,第三种势力是直系军阀吴佩孚的军事政治集团。这三种反动势力之间虽有明争暗斗,但对工人的政治压迫和经济剥削却是一致的。

直系军阀吴佩孚不仅经常截取车辆,强迫工人运兵运粮,还经常霸占路款,克扣工人工资。陇海铁路局往往只发给工资的八九成,拖欠薪资是常事,奴役和惩罚工人的手段更是花样翻新、无奇不有。铁路局以北洋军阀政府制订的"暂行新刑律""治安警察条例""治安警察法"为依据,明文规定,同盟罢工者要判处有期徒刑或处以罚金。工人们在政治上毫无自由可言,组织工会和罢工更是非法的。甚至明文禁止工人在以下情形中举行集会:"有领导怠工情形者,有领导罢工情形者,有领导要求增加工资情形者,有破坏社会秩序及公共安宁者,有违反一切良好道德习惯者。"为反抗这种残酷的政治压迫、经济剥削和生活折磨,陇海铁路工人们自发地组成了各种同乡会和帮派,在工友们遇到困难时大伙好相互帮衬。

旧社会的工人大多没有文化,能识字断文的更不多。由于姚佐唐有一定的文化,又豪爽能担事,自然成为安徽帮特别是安庆、桐城同乡的主心骨。每有家长里短的矛盾,或是有想不通的事情,工友们都喜欢到他三官庙的住处请他给理论一下。姚佐唐也会热心地拿出一些介绍国内外劳工解放运动情况的小册子,给大家讲只有组织起来才能改变不合理的状况,摆脱受剥削受压迫的地位的道理。很快,大家达成了共识,纷纷提议:我们也成立个组织吧,就叫"老君会"!

太上老君是中国道教的创始人。当地工人口口相传,说老君是孔子的师傅,道教师祖、铁工的祖师。相传,华山上有一段登山铁链工程即为老君所修,称为"老君犁沟",河南、山东一带的铁匠炉均奉老君为祖师,加之"老君会"又是历代相沿下来的秘密反叛团体,因而工人组织多取名为"老君会"。徐州的工人也大多信奉道教,每逢农历二月十五太上老君的诞辰日,都要在三官庙举办庙会,祈求保佑工厂安全,事业兴旺,家人福寿康宁。

说干就干,姚佐唐当即派人到开封、郑州等地找来他们的规约章程,参照他们的规约制订了自己的章程。

1921年初秋之际,选了一个吉利日子,铜山铁路大厂"老君会"在三官庙正式组建,柴凤祥、王辅、姚佐唐等人被推选为正、副会长和总干事。

在成立大会上,姚佐唐高兴地说:今天是我们机厂工人大喜的日子,"老君会"终于成立了!穷弟兄们终于有了自己的团体,今后我们要互帮互助,有福同享,有祸同担。我们还要照兄弟机厂的做法,开办工人补习学校,成立梆子团、缒子团!

当晚,姚佐唐还与穷兄弟们一起交杯换盏。席间,他把从进步学生们那儿听来的俄国十月革命的情况,绘声绘色地讲了一遍。他说:我们创造了巨大的财富,却过着牛马不如的生活。地主和资本家不劳而获,却花天酒地。这是为什么? 根子在哪里? 不是别的,是帝国主义、剥削阶级的压迫! 劳动者受苦受难,根子就在这个吃人的社会制度。

铜山机厂"老君会"的建立,使机厂工人从此有了主心骨和靠山,也为以后徐州铁路工人运动的开展奠定了组织上的基础。①

---

① 罗章龙:《椿园载记》,第36页,生活·读书·新知三联书店,1984。

第三章

举义旗　领导陇海铁路大罢工

八号门燃起怒火

铜山机厂"老君会"成立的第二年,发生了一件震惊陇海铁路的八号门事件。

事件的缘由是这样的。1921年初,法国人若里被任命为陇海铁路机务总管,铜山机厂的行政权完全操纵在他的手掌中。出身行伍、自命不凡的若里虽然长相文质彬彬,但对待中国工人"尤为苛虐",到任不久,他就制订出一条条所谓新规,"一味强横奸险,荼毒苦工"。为了严格限制工人的自由,他还关闭了工人上下班时出入机厂的所有通道,仅留下旅客上下车时检票入站的八号门,作为工人上下班唯一入口。

工人进入八号门,就如同进了牢狱,不得自由外出,即使到了下班时间，洋人如果不准开门，工人不得离厂，只能忍受禁闭的煎熬。工人们因此将八号门称为"鬼门关"。

1921年11月8日下午，正是铜山机厂工人上下班出入时间，八号门突然加锁，司门以"奉洋人之命，票车已到，不得通过"为由，将下班工人关在门内。工人们劳累了一天不能回家，遂群起与司门争辩。其实，工人都清楚地知道，当时票车并非马上就到，通过还是可以的。工人要开门，门卫说要洋人批准，并恫吓工人谁要冲出来就记下名字，按规章开除。

司门挑衅的言语，使饥饿疲劳的工人们义愤填膺，大家齐声高喊"一起冲！"猛力挤开了并不结实的栅门。

车站洋人早就对机厂不断加强的工团组织不满。事发当天，他们串通大厂副厂长高长利，诬告"老君会"负责人柴凤祥、王辅等破坏规章，不服从管理，"聚众闹事，砸门而出"，必须严惩。车站当局很快做出决定，拘押柴凤祥、王辅，并宣布开除。

八号门事件激起了铜山机厂工人们被长期压抑的愤恨，他们胸中的怒火被点燃了。

八号门旧址

"八号门事件遗址"石碑

当晚，工人们得到柴凤祥、王辅被拘押后又被开除的消息，气愤不已的百余名机厂工人来到"老君会"打探情况。工人们你一言我一语地议论纷纷。沉默许久的姚佐唐望着大伙期盼的眼神，斩钉截铁地说：这件事，我们不能再忍了！

第二天上午，姚佐唐与刁玉祥等人找到北洋政府设在徐州站交通系的总管，后又到铜山机务处，恳请他们重新考虑开放员工通道，并反复说明柴凤祥和王辅在大厂工作多年，经验丰富，请求当局收回开除柴凤祥、王辅之命。但是，每到一处，他们均受到严厉斥责。

这天晚上，几名工友又聚集在"老君会"商讨解决办法。

姚佐唐说：事已至今，光靠我们在徐州周旋不行，恐怕要举行罢工，才能解决问题！

为了取得陇海线全路工友的同情和支持，必须要得到开封、郑州、洛阳等大站工友的支持。如何联系，派谁去联络呢？对开封、郑州车站的情况，姚佐唐都比较熟悉，但他一走，徐州就没有人领头了。二十来岁的刁玉祥自告奋勇地对姚佐唐说：你修好文书，我来去！

好，只有这样了！姚佐唐说道：你拿着文书，到开封找老魏，到洛阳找游天洋，到郑州找机务处的李泊之。

说写就写，姚佐唐提起笔来一气呵成。《敬告全国各路同胞同业弟兄们恳乞救援》洋洋数千字，摘录部分如下：

……吾们工人既系同胞，又属同业，谚云人不亲行亲，行不亲道亲，弟兄们岂忍坐视他人残害同胞而不顾哉，因此敬乞同胞同业大发慈悲，先赐教言，对待残虐吾们之人，然后再作声援，补助进行。倘得圆满结果，敝工人等得蒙优待，皆各路同胞同业所赐之幸福也。谨将苛虐情形，备述以供国人之评判。（一）该总管到差数月，不论机车如何破坏，全不修理，敷衍支持，焉能经久，出厂迅速，见病即罚，责工人修理不善，不知此非工人修理之过，乃伊不令修理耳。（二）车头大灯，发油不足，司机人恐有危险，自备灯，工人每月能得薪工若干，不得养育老少，掷之无名之地。（三）车头各机修理不好,汽力不足,时常误点,苛罚司机工人。车头连载吨数,原有定额,伊一律加重吨数,若要误点,亦罚司机工人。(四)车轴加油,减发三分之二,以致车辆不时燃轴,乃苛罚加油工人。(五)擦车工人,减发棉丝,强逼将车擦好,否则重罚。(六)向章工人有病故者,公司发给恤薪三月,以资葬埋,乃经伊免去。(七)向章因公受伤者,照常发给工资,以资调养,乃经伊取消。(八)工人每天向章工作十小时,另外加点,按点发给工资,伊亦免去。(九)该总管在安南多年,对待安南人习于暴虐,刻下即将该野心施诸吾堂堂大国之工人等成怀不慊。(十)该总管逞己之私,任意行为,颠倒是非,不权轻重,专施强迫手段,不准工人违拗,枉受责罚,即各厂首亦多受其无理凌辱。窃想伊以外人,来吾中国,应斯重任,叨食厚薪,应当细心研究,加意考察,如何能省材料而无害,如何能将机务修理坚固,盖其应有职务。伊乃不斯之务,一味强横奸险,荼毒苦工,工人等能不反对也。[1]

第二天一早,刁玉祥拿着姚佐唐亲笔撰写的《敬告全国各路同胞同业弟兄们恳乞救援》和另一位工友前往开封、郑州、洛阳等站联络,商讨陇海铁路全线罢工事宜。

铜山站工人的《恳乞救援》信,得到了沿路各站的热烈响应。在开封"老君会",刁玉祥等受到热情欢迎。会长魏荣珊专门召集"老君会"干事听取徐州八号门事件的报告,一致通过声援徐州工友的决定,并在徐州《恳乞救援》的信上,郑重地盖上开封"老君会"的印章。

刁玉祥抵达洛阳车站之时,恰巧洛阳站也发生了一件令人愤慨的事件。

原来,就在 11 月 17 日,洛阳机厂西厂副厂长、比利时人狄孟不问青红皂白,克扣了没有完成派工的工人工资,还无理殴打工人,开除与

---

[1]《陇海路机工之怨声与应援者》,载《晨报》1921 年 11 月 25 日,转载于《北方地区工人运动资料选编》,第 24—25 页,北京出版社,1981。

之争辩的二十多名工人。此事在洛阳机厂引起工人们的一片哗然,大家怀着极大愤慨停下工来。接到徐州《恳乞救援》信后,在路局员司(工程师)游天洋的主持下,洛阳陇海铁路同人俱乐部召开紧急会议,在分析研究机务厂和全路的形势后,大家一致认为要使比利时资本家屈服,非采取罢工手段不可,乘徐州工友求援之机,应把斗争扩大到全路去,联络全路工人实现总同盟罢工!

时年 27 岁的游天洋,原名游泳,福建闽侯人,1918 年在北京念书,后来转到唐山交通大学学习,习铁路专业。唐山交大毕业后,1919 年任武昌鲇鱼车站副站长。是年 12 月 24 日,时任督军的张敬尧从奉天运来鸦片烟种子 45 袋,每袋重 100 斤,准备运往湖南西部,以每亩收捐 200 元强迫农民种植。游天洋出于义愤,拒绝拨车,与押运官兵发生冲突。游天洋见情况不好,立即将此事通知湖北旅鄂湖南同乡会协同阻止。后来,湖南同乡会将烟种当场搜出,公开焚毁。张敬尧得知游天洋从中捣乱后,迅即通知湖北督军捉拿他。路局遂调游天洋到洛阳大厂任工程师。1921 年初,在游天洋与白眉珊等人鼓动下,洛阳陇海铁路同人俱乐部成立。

接到铜山大厂的求援信,同人俱乐部迅即做出决定,以洛阳陇海铁路同人俱乐部的名义声援徐州大厂,成立由游天洋、白眉珊、黄文渊、王符圣等人组成的洛阳车站罢工委员会,并向全厂各工段转发经游天洋修改的《敬告全国各路同胞同业弟兄们恳乞救援》宣言书,庄严宣告:"工人不能忍做亡国奴之耻,作无人格之工人",要求路局立即撤换总管若里,接回因八号门事件被革职的工人等复工条件。

刁玉祥等人返回徐州后,向姚佐唐详细汇报了去洛阳、郑州、开封等地联络的情况和经过。

经串联,徐州、洛阳、开封三地的铁路工人约定,如果机务处不答应徐州工友们提出的要求,全路将于 11 月 20 日实行同盟大罢工,并规定了以"起""落"二字作为罢工及复工的信号。

11 月 18 日下午,经陇海铁路徐州、洛阳、郑州、开封等站工团联合署名的《陇海路工人宣言》被分头送往徐州站总管、徐州机务处、郑州路局。《陇海路工人宣言》中云：

> （一）洋总管若里克扣材料，损坏机器，虐待工人，须将若里撤差。（二）狄孟受若里意旨，殴打工人，狄孟亦须撤差，并以后永不准洋人殴打工人。（三）徐州府为八号门之事，开除工人二名，要求上工。（四）因米粮昂贵，工资不够生活，要求加薪。（五）礼拜日作工，须发加倍工资，例假停工，须照常给薪，年终须照京汉例加发一月工资。（六）升火工人司机每日跑车十小时，发伙食费五毛，过十小时须增加伙食费。（七）每年发家眷往来免票一次，工头司机二等，升火工人三等。（八）工人因公伤亡，须发抚恤金六个月，因病死亡，须发薪金三个月，因工受伤停工要照常发给工资。此次该路工人之罢工，实为争人格计，故抱有坚持到底之决心，现又得各方面之同情与援助，故进行更为猛烈，此决非可以敷衍解决者也。①

但是，《陇海路工人宣言》依然没有引起铁路当局的重视，他们认为这只是一纸要挟，因而对工人们的诉求不以为然，斥责工人们是"借端示威"，不可接受！

这下真激怒了全体工友，大罢工如箭在弦，势在必发。

时间到了 11 月 20 日的早晨，徐州机务处仍持强硬态度，于是全体机工立即停止工作，开始罢工，并向开封、洛阳、郑州沿途大站发出"起"字的电文，宣布正式停工。

当天上午，徐州站 7 点的客票已经售出，旅客们鹄立候车，但机工们坚决不开车。一名洋人迫于无奈，亲自登上机车，强行把车由铜山站开往津浦铁路徐州府站。工人们愤怒至极，一路追到徐州府站，将机车团团围住，揪出洋人饱以老拳，迫使其又把车开回铜山站。

---

① 《陇海路工人罢工后之进行》，载《晨报》1921 年 11 月 26 日，转载于《北方地区工人运动资料选编》，第 26—27 页，北京出版社，1981。

【第三章】 举义旗 领导陇海铁路大罢工

031

上午九十点钟，铜山站的全体工友们在站前广场举行了罢工誓师大会，姚佐唐代表总罢工委员会发布了罢工宣言书，历数法、比帝国主义对于陇海铁路的暴虐统治，列举陇海铁路大总管、法国人若里的十条罪状，声讨铁路当局压榨工人的种种罪行，宣言最后说："务恳我各路工人协力，与本路工人作同一之举动，以救同人，为中国争人格，不受外人无理之欺凌。不但同人之苦可伸，亦诸君幸福之所在也。"

参加集会的工人们，昂首挺胸，振臂高呼：

"放回开除的工友！"

"不达目的，誓不罢休！"

中午12时，姚佐唐接到开封、洛阳等处复电，称已做好全路同时罢工的准备。姚佐唐迅即将开封、洛阳等处复电向全体工友作了传达，工友们听到后欢呼雀跃。

报载陇海路大罢工消息

下午3时，铜山站机务处洋人见事态扩大，这才感到问题的严重，急忙托人与机工在站北的空地上进行谈判。工人当场提出要求：一是将被开除的工人接回；二是从即日起一律加薪；三是以后不得再有苛待工人的事情发生。机务处不敢正面答复，只是答应呈请北京铁路总局核办。

同日中午，陇海铁路各站工人相继举行罢工誓师大会。陇海路全线瘫痪。

北京《晨报》报道说：陇海铁路"几成一死世界"。上海《申报》在11月27日报道说："陇海路洋员管理路政，平日本属严厉，工人皆啧有烦言，自新总管若里接办后，对于工人，尤为峻厉，因此工人'反动'愈甚，竟于今日（二十日）实行罢工。今日开封西赴郑、洛，东赴归、徐之车，均未开驶；而徐向西驶、由观音堂东驶之车，均未到开封；陇海全路工人完全罢工，已可证明。"

罢工胜利后初会罗章龙

中共北京地委和劳动组合书记部北方分部十分重视陇海铁路工人运动的情况。由于陇海铁路工人长期受帝国主义、资本家的剥削压迫,具有强烈的反帝反侵略的民族意识和阶级觉悟,最容易接受革命思想,加上陇海铁路有五千左右工人,又多集中在洛阳、郑州、开封、徐州等地,有利于团结和战斗,易于形成强大的政治力量。几年间,全路各地方发生过一些自发性的小型怠工斗争,但带有浓厚的帮会色彩,迫切需要有工人阶级政党的领导。基于上述特点,中共北京地委把陇海铁路作为开展工人运动的重点地区之一。

在李大钊的主持下,中共北京地委于11月18日连夜召开紧急会议,分析罢工形势。李大钊主持会议,罗章龙将了解到的陇海路罢工消息做了说明。会议讨论十分热烈,大家对陇海路罢工寄予很大同情和希望,但是陇海铁路各站厂既无真正的工会组织,又无较强的党、团力量。当时中国劳动组合书记部北方分部刚成立不久,除在长辛店、南口、唐山等少数地点设有《工人周刊》工作站,有几处通讯关系外,与郑州、洛阳、徐州等多数地区的工人并无组织联系。

经过讨论,大家意见渐趋一致,认为陇海路既已罢工,书记部纵然有困难也应立刻派人前往。会议决定以书记部的名义委派中国劳动组合书记部北方分部主任罗章龙前往洛阳,深入陇海铁路一线,与"陇海铁路罢工指挥机关"取得联系,对罢工给予全力支持,发挥领导作用。

时年25岁的罗章龙,原名罗璈阶,湖南浏阳人,1896年11月生。1915年,毛泽东以"二十八画生"名义发出征友启事,他是最早的响应者,从此与毛泽东、蔡和森过从甚密,积极参加爱国青年活动。1918年4月,与毛泽东等发起成立新民学会,后入北京大学哲学系德语预科。以后,罗章龙又投身于五四运动,并如饥似渴地研读马列主义经典著作。他还和一些志同道合的青年在1920年初发起组织了"北京大学马克思学说研究会"。不久,他又在李大钊的指导下,参加创建了北京共产主义组织,成为中共最早的党员之一,时任中共北京地委委员和中国劳动组合书记部北方分部负责人。

21日深夜,罗章龙乘车赶到洛阳,几经周折,在《工人周刊》通讯员王符圣的引领下,手持电筒和手杖沿着崎岖多石的山坡小路摸索前行约半小时,抵达一所小洋房,即洛阳铁路罢工工人地下指挥部。

在指挥部,游天洋向罗章龙汇报了罢工运动的发展。接着,他们共同分析了陇海铁路工人的生活状况和罢工的远因近由。从谈话中,罗章龙了解到罢工的整个情势。两人越谈越兴奋,一直聊到深夜,初步拟成了坚持罢工的方案。方案包括下列几点:(1)选出7个具有代表性的罢工中坚分子组织中心行动委员会(工人与员司为5∶2),统一领导罢工委员会;(2)加强罢工中的团结一致,争取来的赞助经费要公开,日常工作要经过民主讨论决定;(3)罢工要坚持条件,非达目的不止。①

第二天,即11月22日清晨,洛阳铁路罢工委员会召开紧急会议。

因为罗章龙的到来,与会者精神大振,感奋非常。会议着重讨论坚持罢工争取胜利的议案。罢工委员会各委员分别就自己了解的情况做了报告。在分析目前的困难时,有人说,如果罢工再继续下去,不少工人家庭吃饭就困难了;有人说,一部分工人群众害怕饿饭失业,想早些结束罢工;有人说,开封、郑州形势非常紧急,由于罢工迟迟不能得到解决,沿路积压客货车辆极多,特别是郑州车站旅客众多,一片混乱,秩序很难维持。当地军警感到焦急,纷纷到路局质问几时可以通车,路局无法应付。军警动火说,如果你们路局无法解决的话,让我们来办吧,只要镇压几个煽动工潮的分子,工人们就没有主张了,到那时他们能不上工吗? 讨论中,大家都感到只有咬紧牙关才能渡过眼前难关,不付出代价,就没有收获。针对部分工人群众害怕饿饭失业,想早些结束罢工的心理,会议认为必须要加强互济组织,在物质上保障工人及其家

---

① 罗章龙:《椿园载记》,第147—174页,生活・读书・新知三联书店,1984。

属的最低生活,同时要向罢工工人解释,坚定必胜的信念。

会议结束后不久,姚佐唐接到了洛阳罢工委员会发来的电报,信心倍增。他立即召开会议,部署稳定罢工队伍的工作,并指定专人手抄复制了罢工传单,分发给市民、旅客,争取社会对罢工的理解和同情。同时,组织力量开展募捐,动员条件稍许好一点的家庭匀出部分食粮,送到一些特别困难的罢工工人的家中,稳定职工的焦虑情绪。

陇海铁路使用的蒸汽机车

与此同时,在中共北京地委和中国劳动组合部北方分部的发动下,京汉、津浦铁路沿线和北京、天津、沈阳、济南等地工会和劳工团体纷纷发表声明,支持陇海铁路大罢工,敦促铁路当局和北洋政府尽快出面解决罢工提出的要求。一时间,全路工人众志成城,罢工阵容坚强如铁,无懈可击,铁路当局损失惨重。据传,直接损失达 30 余万元之多。铁路当局及帝国主义者等一切威胁利诱、挑拨离间,种种阴谋均无所施其伎,气焰一落千丈。而地方军阀因利益之争,以无从下手为名,袖手旁观。铁路当局与帝国主义者失去再度进攻的勇气,只有俯首就范,以求速决。

11 月 26 日晚,在北洋政府的督促下,陇海铁路督办施肇曾和路局代表被迫接受了工人提出的复工条件,与罢工委员会正式签订复工协议,路局允诺接回被开除工人、加薪、保证不得延长工时等。

复工协议含 10 项条款,内容是:

第一条,机务总管,全体工人不承认,兹从宽办,限两个月查明再议。

第二条,因八号门锁闭被诬革罚之二人,准其一同上工。

第三条,洋厂长狄孟,因虐待工人,准将取消。

第四条,因工作忙,夜间加点,以六小时算一工。

第五条,每年终加双工资,每月有两个星期日休息给工资,中国三大节歇工,照给工资,每年应有两星期官假,照常给工资。

第六条,司机、生火,在车应做十小时,以外另行加点,饭资司机每日五角,生火三角。

第七条,按年准给回家来往免票,司机及工头二等票,其余工人三等票。

第八条,各工人加薪,因公受伤者,照给工资,自己生病者,一年愈后准复原差。

第九条,如因工亡故者,恤赏六个月工资;若因病亡故者,恤赏三个月工资。

第十条,开工后小过不准裁人,大过任行。①

11 月 27 日,洛阳、开封、徐州各工团同时奉罢工委员会命令开始复工。

随着罢工委员会一声"复工"令,陇海全路汽笛高歌,历时 7 天的陇海铁路大罢工终于取得了胜利。陇海全路工人欢欣鼓舞,各车站一片欢腾,歌声、鞭炮声不绝于耳。

12 月 2 日,上海《申报》报道了陇海铁路复工时的盛况:"开车时,

---

① 罗章龙:《椿园载记》,第 163—164 页,生活·读书·新知三联书店,1984。

各转运公司均派代表在站欢送，祝其交涉胜利，并制旗帜多种，旗上大书'劳胜会'，取劳动（者）与资本家争得胜利之意，同时，又燃鞭炮十余担之多，烟火弥漫，对面不见。其狂热兴致，当可想见。"

特别令人感到振奋的是，在撤换若里的问题上，路局方面虽试图拖延，但在全路工人的强大压力下，被迫让步，于次年2月免去了曾经不可一世、高高在上的若里的机务总管职务。

陇海铁路大罢工是中国共产党初创时期所领导的一次大规模的罢工斗争，是我党初显身手的重大事件，也是全国工人运动第一次高潮的前奏曲。

中共中央局书记陈独秀曾写信给罗章龙："陇海罢工，捷报先传，东起连云，西达陕西，横亘中州，震动畿辅，远及南方，这是我党初显身手的重大事件。"罗章龙在回忆这段往事时说："这次罢工可说是我党初出茅庐，直接领导的一场前所未有的大规模罢工斗争。当时距我党正式成立还不足四个月，党员人数很少，没有实践经验。但是同志们却抱着对马克思主义的笃实信念，以不计成败，勇往直前的精神去干，最后终于开拓了道路，团结统一了陇海全路的工会组织，涌现和锻炼了一批受群众拥戴的党的优秀战士，为北方地区以后进行的大小数十次斗争奠定了基础。取得这些成果是我们开始所未料及的，也使我深深感到马克思主义只要和工人运动相结合，就会出现奇迹般的力量，改变工人阶级和它的政党的面貌。这和当时的一些空谈的改革家们和所谓的社会党人以及国民党都是不可同日而语的。"①

罢工胜利后，罗章龙在游天洋的陪同下到徐州调研。当罗章龙乘坐的客车抵铜山站时，时已日暮。得到电话告知，姚佐唐、黄钰成等人早率数百名工人聚集站台迎接，并送上香芹一束，表达至殷之情意。

当晚，徐州铁路工会在铜山车站广场举行了盛大的欢迎晚会兼同乐大会。

---

① 罗章龙：《椿园载记》，第147—174页，生活·读书·新知三联书店，1984。

晚餐后,姚佐唐陪同罗章龙、游天洋来到现场,共庆罢工胜利。铁路工会内外电灯通明,广场中央高悬煤气灯,中央扎彩搭台,室内炉火熊熊,工人家属妇孺熙来攘往,如过元宵灯节。

站在广场中心的舞台上,姚佐唐向大家一一介绍了罗章龙、游天洋一行,并代表工人致欢迎辞。

罗章龙代表劳动组合书记部对罢工兄弟表示诚挚慰问,并转达了李大钊对徐州工人的问候,之后发表了即席讲演。罗章龙的讲演,不断被工友们的欢呼声打断。晚会还演出文艺节目,有山东快书、河北琴书、池州小戏等节目,会场上群众互相称兄道弟,欢笑戏谑,热情洋溢,直闹到深夜始散。

当晚,姚佐唐还召集工会委员举行了座谈。罗章龙、游天洋和来自全国各省的工友,彼此相互介绍。席间姚佐唐还特地回自己的住处,取出一份自己收藏的同乡会和朋友通讯录,名单遍布南北铁路、矿山、轮船及郑州、信阳、徐州、开封等城市,亲手交给罗章龙,并说:"这些朋友都爱看劳动组合部编的《工人周刊》,可作为书记部报刊推广的联络参考用。"

罗章龙说:好,好! 这个礼品很贵重!

罗章龙在徐州期间,与姚佐唐等工会代表畅谈革命理想,共商工运大计,使徐州车站的广大工友终于认清工人阶级受剥削、被奴役的根源,表达了自觉接受党的领导的坚定信念。罗章龙还动员、发展姚佐唐加入了北京大学马克思学说研究会。

罗章龙离开徐州时正值深夜,姚佐唐、游天洋等与当地工会委员、工友群众数百人齐集月台相送。车快开动时,姚佐唐与罗章龙依依惜别。

罗章龙在《陇海路大罢工》一文中回忆说:"工会会长姚佐唐,安徽桐城人,中学毕业,时任徐州大厂工会会长,技术高超,担任机车车间领班,自称他父亲曾在江南造船厂当工人,与我父亲执同业。所以彼此见面,一见如故。当晚,姚召集工会委员座谈,在座诸人来自全国各省,亲友遍布南北铁路、矿山、轮船及各大城市,彼此互相介绍,提出一张几十个工人师傅的介绍名单,作为书记部报刊资料通讯联络参考之用。"①

《江苏革命史资料》也收录有罗章龙在徐州的事迹以及罗章龙赋诗姚佐唐的故事。文中说,罗离开徐州时,与郑州铁路工会秘书黄贺拈诗一首赠姚佐唐,诗曰:

> 已向孟津吊古城,邙砀风物客中迎。
>
> 汴湖明月曾照我,楚项高台此别君。
>
> 今日房山空寂寞,去年功狗更何名。
>
> 凭栏不尽忧时感,珍重何须惮远征。②

组建陇海铁路总工会

陇海铁路大罢工胜利后,为进一步保障工人的权益,与铁路当局和资本家进行长期斗争,根据劳动组合书记部北方分部和罗章龙的建议,徐州、开封、郑州、洛阳等车站的工人在罢工委员会领导下,分别召开会议,正式组建各车站铁路工会和劳动组合部门。

在姚佐唐、游天洋等人分头发动和串联下,陇海铁路沿线的开封、徐州、郑州、洛阳四大站先后在不到一个月内就公开重建和成立了工人团体。徐州铁路工会还开办了工人子弟学校,加设工人夜校。洛阳铁路工会在洛阳以西的道棚也建立了道棚分会。由于年代久远,详细情况已不得而知,但从当年出版的《工人周刊》中,还能看出当时徐州等地工会组织机构之一斑。

《工人周刊》第 22 号记载:③

---

① 罗章龙:《陇海路大罢工》,洛阳市委党史办编《党史资料通讯》1982 年第 2 期。

② 《党领导的江苏地区首次大规模的工人斗争——1921 年发轫于徐州的陇海铁路大罢工》,载于《江苏革命史资料》选辑第 9 辑,第 128—163 页。

③ 劳动组合书记部北方分部编:《工人周刊》第 22 号,1921 年 12 月 18 日。

徐州　　"徐州陇海工业补习所"是该处工人 1921 年 10 月 10 日成立的。地址在北关外北站观音庙,计房 11 间,每月房金 10 元,内分讲室,会客室,寝室等。……会员 300 人,行车升火工人 50 人,大工 150 人,小工百人。他们的工资:升火工的工资自 12 元至 21 元,行车工的工资自 18 元至 40 元,大工工资自 18 元至 50 元,小工自 6 元至 10 元半。……会员每月捐一天工资,会中每月共收 136 元。开支相同,内中设有阅报室。藏书很多。集会的期间不定,遇着相当的时候随时召集。

各站建立工会组织后,陇海路罢工委员会决定趁热打铁,在开封车站铁路工会召开会议,组建陇海铁路全路总工会。

1922 年 1 月 14 日,姚佐唐带着刁玉祥和另一位工友乘坐晚班车赴开封。

开封"老君会"入会人数仅次于洛阳,占全路第二位。其会员大部为湖北帮,"老君会"总干事魏荣珊也为湖北人。魏荣珊在开封和陇海路工人中颇有地位,又与交通系及当地官绅均有往来,平日自恃能干,时想独霸一方,不愿居人之下。大罢工中,在罗章龙的帮助下,魏荣珊答应停用"老君会"名称,选举开封工会执行委员会,正式成立开封工会,加入劳动组合书记部。

当晚,姚佐唐一行乘坐客车,翌晨到达开封。下车后即前往开封铁路工会访问。开封铁路工会位于车站不远的城南关街,会长魏荣珊闻讯即出门迎候。

1922 年 1 月 15 日,陇海铁路总工会成立大会在开封铁路工会议事大厅正式召开。

"劳工神圣"四个红底黑字大字张贴在大堂中间,虽然说"老君会"已改为铁路工会,一旁张贴着用正楷端端正正地书写的"开封铁路工会"6 个大字,但是案桌上依然供奉着太上老君的画像。

会议由游天洋主持,魏荣珊致词后,姚佐唐做了即席发言。他首先简单回顾了这次大罢工的过程,强调了全路工人的团结一致,劳动组合部的领导是这次罢工取得全胜的根本原因。他说：为什么我们过去也争取过自己的利益，但几乎都没有成功，就是因为缺少书记部为我们撑腰！书记部是我们工人阶级的参谋部，大公无私，一心为工友。现在罢委会已加入书记部作为工会会员，也就是说我们陇海总工会也要加入全国工人队伍。今天，我们要成立统一的陇海铁路总工会，这样就更有力量保证我们的利益，争取到新的胜利！

姚佐唐的话得到与会者的一致赞同。

根据会议议程，会议通过了总工会章程、陇海铁路总工会加入劳动组合书记部为其会员的报告。会议决定正式发出邀请，请书记部派专人驻徐州、开封、洛阳工会工作。大会还选举产生陇海铁路总工会执行委员会。经过充分讨论，一致通过了由姚佐唐、游天洋、魏荣珊、王符圣等组成总工会执行委员会，姚佐唐任执行委员会会长，游天洋兼任总工会秘书。徐州站工人代表程圣贤、马丙良当选为执行委员。①

这次会议还决定出版发行《陇海路总罢工》，作为铁路工人交流情况的刊物，以宣传党的主张，培养工人积极分子，凝聚工人力量。

① 马国福：《中共洛阳组诞生始末》，载《河南日报》2018 年 11 月 13 日。

第四章

求真理 开始接受马克思主义

"亢慕义斋"受洗礼

自罗章龙一行离开徐州后,姚佐唐找出游天洋留下的《工人周刊》和当年学生们在车站和街头发放的小册子,反复地阅读和思考,希望能梳理清楚陇海铁路总工会下一步的工作思路。一个到北京去请教罗章龙的念头,开始在姚佐唐脑海中萦绕。

陇海铁路总工会成立后不久,姚佐唐接到了劳动组合书记部北方分部的通知。他迫不及待换上一套干净的长袍,与工友王璧一起从徐州赶赴北京。

这天,天空突然下起了纷纷扬扬的雪。下了火车,他们一步一个脚印,来到银装素裹的北京大学。劳动组合书记部北方分部和中共北京地委当时同处北京大学校园内。

在北京大学，按照罗章龙离开徐州时的嘱咐，在一位热心同学的带领下，姚佐唐一行顺利找到了位于北大西斋的"亢慕义斋"。得知姚佐唐来到，罗章龙已在大门台阶处等候。

"亢慕义"取自"共产主义"一词的德文音译。1920年3月31日，李大钊在北大成立了中国第一个马克思主义研究会——马克思学说研究会，时任北大校长的蔡元培专门拨了房间作为研究会的小型图书室兼活动室，成员们亲切地称之为"亢慕义斋"。

亢慕义斋图书印鉴

其时，"亢慕义斋"室内墙壁正中挂有马克思画像，像的两边贴有一副对联："出研究室入监狱，南方兼有北方强"，对联旁还贴有口号"不破不立，不立不破"。四壁贴满革命诗歌、箴语、格言等，气氛热烈、庄严。罗章龙介绍说，李大钊经常在这里与大家一起搜集整理和翻译马克思、恩格斯、列宁等人的著作，有空也会朗诵诗歌。对联上的"出研究室入监狱，南方兼有北方强"是宋天放的手书，取自陈独秀和李大钊的诗句。

马克思学说研究会何时会上课？姚佐唐关切地问。

罗章龙笑着说：过两天守常先生要在前面的大课堂主讲"马克思经济学说"。接着他又解释说，北京大学马克思学说研究会最初成立有"劳动运动""共产党宣言""远东问题"等3个特别研究组。后来又扩大研究范围，成立了11个固定研究小组，分别对唯物史观、阶级斗争、剩余价值等马克思主义的基本理论及世界实况进行研究，特别注意对中国革命问题的广泛研究和学习。在北京大学，李大钊和陈启修、高一涵教授等都是常常被请去做讲演的。此外，研究会还经常讨论国内外大事，关注实际斗争，并常组织宣传、纪念活动。研究会设干事会主持会务，罗章龙为干事会书记，每星期六晚举行一次讨论会，每月举行一次讲演会，还会举行不定期的辩论会。

罗章龙的这番介绍给姚佐唐触动特别大，他当即表示一定要来听

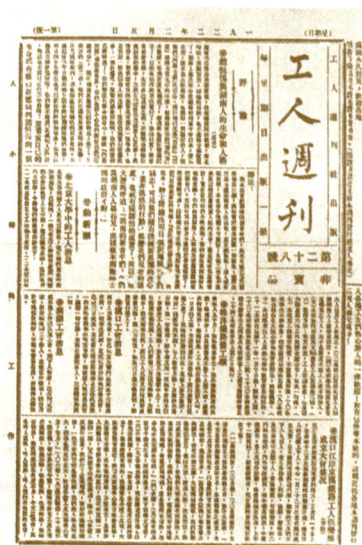

《工人周刊》（1922年2月5日）第一版

课或参加各种活动。接着，姚佐唐向罗章龙详细汇报了陇海铁路总工会成立情况以及自己关于下一阶段的工作打算，询问书记部能否在近日派员参加总工会的工作。

在"亢慕义斋"，姚佐唐还见到了正在忙着编排新一期《工人周刊》的吴玉铭、何孟雄、王仲一等同志。

吃过晚饭，姚佐唐拎着罗章龙送的一包资料准备离开时，巧遇了李大钊同志。早在罗章龙介绍前，姚佐唐就从报纸杂志上知道了李大钊是一位大学者，中国共产主义运动的先驱，伟大的马克思主义者。他急忙走上前去，紧紧地握住李大钊的双手，表达自己的久仰之情。李大钊也勉励姚佐唐继续为工人阶级，为民族解放之事业，实践其所信，励行其所知。

创建徐州（铜山）站党支部

自北京回徐州后，姚佐唐浑身充满了力量。

为办好徐州铁路机器厂工人夜校，联络更多的工友，姚佐唐买来纸笔、黑板，亲自教工人识字学文化，通过与工人的接触，培养工会积极分子，并吸收机务工人和数十名养路工参加，使铁路工会迅速发展壮大。针对交通系捣乱、旧式工会的各派系间矛盾，他深入到工人中进行调查研究，启发工人联合起来，克服帮派之间的纷争和矛盾。他还利用点滴时间，前往陇海铁路总工会和开封、洛阳等地协助开展活动，做好大罢工的后续工作。

工人夜校影响逐步扩大，学员人数不久就增加到100多人，原有的校舍不足使用。为尽可能地吸引工友们参加活动，在工友们的帮助下，姚佐唐等人又找到了附近一幢闲置的平房。工人夜校每天晚上两节课，除学习文化知识外，主要是进行阶级教育。教员们一方面传播文化知识，一方面总结陇海路大罢工的经验和教训，告诉学员们要想争取自己的权利，争取自由解放，就要紧密团结在自己的组织周围。

另外，工人俱乐部的活动也使一大批工人积极分子团结在一起，共同追求思想进步，并逐渐发挥出骨干作用。

1922 年 2 月，一个小雨绵绵的傍晚，姚佐唐刚收工回到办公室，只见一位穿着长袍的年轻人已坐在桌前。

他就是李震瀛（1900—1937），中共早期党员、中共早期著名的工人运动领袖。1900 年 8 月，李震瀛出生在天津市古皇庵一个贫寒的小职员家庭。1913 年，他以优异的成绩考入天津南开中学，曾与周恩来、邓颖超一起发起成立了天津"觉悟社"，并积极参加五四运动。1921 年李震瀛加入共产党后，先后在上海、河南、哈尔滨、大连、山东等地从事工人运动。令人唏嘘的是，1931 年因反对王明上台，他参与了罗章龙等的小团体活动，后被开除了党籍。[①]

当晚，吃过饭后，姚佐唐召集工会的骨干分子在工会召开了一个小型座谈会。

听了姚佐唐和工友们的介绍，李震瀛不住地点头，表示由衷佩服。他接着将带来的《工人周刊》分发给大家，介绍说这一册《工人周刊》载有陇海工人大罢工的事迹。

晚上，姚佐唐与李震瀛抵足而眠。睡前，姚佐唐慎重地问李震瀛是否中共党员。李震瀛压低声音，认真地点头说道：是的！守常、章龙都是。我正准备与你谈这件事呢！姚佐唐欣喜地

李震瀛

---

① 窦春芳：《不为人熟知的中共"二大"代表，曾和周恩来是南开校友，后因不满王明上台而淡出历史舞台》，哈尔滨党史网，2019 年 5 月 27 日。

表示自己和另外两位工人罢工骨干程圣贤和黄钰成都很想加入中国共产党。

不久,经李震瀛介绍,姚佐唐、程圣贤、黄钰成三人正式加入了中国共产党。在李震瀛即将离开徐州的某天晚上,在忽闪忽闪的汽油灯下,姚佐唐、程圣贤、黄钰成共同举起右手,庄严宣誓:我志愿加入中国共产党! 为党工作,永不叛党!……

1922年春,中共陇海铁路徐州(铜山)站支部正式成立,属中共北京地委领导,姚佐唐任支部书记。徐州(铜山)站党支部是中国共产党在江苏地区最早建立的党组织之一。此时,距中国共产党成立仅半年多。

不久,经李大钊、王尽美、罗章龙推荐,姚佐唐与王荷波一起成为中国劳动组合书记部北方分部13名成员之一。[1] 据有关资料,中国劳动组合书记部北方分部当时的主要成员如下:罗章龙(主任)、王尽美(副主任兼秘书)、邓培(唐山大厂负责人)、史文彬(长辛店工会委员长)、孙云鹏(正太路工会会长)、唐宏经(京奉路沈阳工会会长)、王荷波(津浦工会委员长)、时奎元(开滦矿工会会长)、张汉清(京绥路工会会长)、傅书棠(胶济铁路负责人)、伦克忠(青岛四方纱厂负责人)、姚佐唐(津浦路徐州工会会长)、王符圣(陇海工会负责人)。

陇海铁路大罢工后,由于频繁公开活动,姚佐唐引起了军阀政府和徐州铁路当局的注意,他们多次发出密令要严加防范他,并派暗探悄悄跟踪他。1923年初,根据中共北京地执委的安排,陇海铁路总工会的部分骨干相继离开徐州,姚佐唐一开始被调往津浦线北段工作,后又被派往京汉铁路彰德车站帮助工作。

① 中国革命博物馆编:《北方地区工人运动资料选编》,第10页,北京出版社,1981。

在彰德车站推进工运

1923 年初,根据中共北京地执委的安排,姚佐唐被从津浦路北段调到工运力量薄弱的京汉铁路彰德(今为河南安阳)车站,推进工运工作的开展。

彰德车站是京汉铁路上的一个中等车站,也是郑州到北京必经之站。由于各种原因,彰德机厂的工人运动一直开展困难。恰巧姚佐唐刚从桐城出来谋生时曾在此落脚,机厂工人中有不少是桐城籍工人。在徐州时,李震瀛就听姚佐唐介绍过,姚为纪念在彰德打工的经历,把第二个孩子命名为"彰生"。因此,劳动组合书记部北方分部在研究工作时,为尽快打开彰德的工作局面,就决定将姚佐唐委派到彰德站工作。

为开展工作,姚佐唐特意在机厂附近租赁了一处较为宽敞、出入方便的小院栖身,也作为工友集中活动的地方。对外则说,准备与家属孩子一起住。在桐城老乡侯德山、权柏瑞等人的协助下,姚佐唐如鱼得水,很快筹建了由 13 名成员组成的彰德工人俱乐部。俱乐部在开展交友联谊、文化娱乐活动的同时,还组织大家学习马克思主义理论,告诉大家要想争取工人的权益,就要团结在劳动组合书记部的周围,积极开展与反动当局的斗争。

其时,彰德铁路机厂厂长徐国龄作风霸道,经常无理克扣工人工资,虐待工友,还采取种种措施压制工人运动。彰德工人俱乐部成立后,姚佐唐不断与工友们商讨应对他的办法。1923 年 2 月 20 日,得知京汉路局长赵继贤从洛阳回京要途经彰德站时,姚佐唐知道机会来了。

在工友们的协助下,他立刻起草、书写了要求"撤换彰德铁路大厂厂长徐国龄"的禀帖,历数了徐国龄种种罪恶,并教授机宜,让 2 名工人到时面呈赵继贤。

当晚 7 时 40 分,赵继贤专车果然准时到达彰德车站。专车停靠后,工友们手执旗帜拥上车站月台,七嘴八舌向赵继贤数落徐国龄在彰德机厂的种种言行。赵继贤皱着眉头听完,不得不让车站站长立即把徐国龄叫来讯问,后命令专车开行,将徐国龄随车带走。后来,路局又派调查员李长荣来彰调查,徐国龄只得竭力运作。此事虽然最后被路局方敷衍过去,但徐国龄的嚣张气焰从此消沉了下去。

关于这场斗争,当时参加斗争的刘星元如实记道:"自侯德山、权柏瑞、刘恩起、齐富贵、裁清屏、李得胜、潘世安、董清安、白玉荣、郝福庆、刘方清、刘玉山、解长春、姚佐唐众人发起彰德工人俱乐部后,同人等非常高兴,愿为部务(劳动组合书记部)尽力。厂长徐国龄非常虐待工友,因此同人等人于二月发起呈请路局撤换厂长事,当时有李晨因同志提议写禀帖上告,这时恰当局长赵继贤乘专车由洛回京,说是准于 20 日下午 6 时 20 分过彰,于是我们就约会工友齐集俱乐部等局长过彰时大众要求撤换厂长。……直由 8 点交涉到 11 点,车始开行,当时即将徐国龄带走,在车盘问。"①

智斗徐国龄之事很快在彰德传开,姚佐唐和工人俱乐部更加受到机厂工友们的拥护和爱戴。

① 刘星元:《彰德工会之成立及奋斗经过》,载于《北方地区工人运动资料选编》,第 356 页,北京出版社,1981。

第五章

显身手 投入京汉铁路大罢工

筹建京汉铁路总工会的斗争

中共二大后，全国工人运动持续高涨。

从 1922 年 1 月开始，到 1923 年 2 月，中国共产党领导的工人运动形成第一次高潮，前后持续时间达 13 个月之久。据统计，此间全国爆发的罢工斗争达 100 多次，参加罢工的工人达 30 万以上。工人运动开始由增加工资、改善待遇而进行的经济斗争，发展到主要是争自由、争民主权利，反对帝国主义、反对封建军阀而进行的政治斗争。同时，工人的组织程度明显提高，出现了地方总工会和产业总工会。铁路工人的组织程度提高尤其明显，到 1923 年初，津浦、京汉、京奉、京绥、正太、道清、粤汉、广九、广三、沪宁、沪杭、南满、中东及陇海等铁路各大站都相继建立了工会组织。工人运动的迅猛发展,锻炼了工人阶级队伍,巩固了党的阶级基础。

为进一步推动和发展工人运动,筹建统一的京汉铁路总工会成为劳动组合书记部北方分部的重要工作。经过数月的努力,在李震瀛的主持下,京汉铁路各沿线工会先后召开了三次筹备会议,并决定于1923年2月1日在郑州召开京汉铁路总工会成立大会。

1月底,京汉铁路总工会成立大会即将在郑州召开的消息披露后,吴佩孚十分震怒,立即电令京汉铁路局局长赵继贤、京汉路南段段长冯澐、第十四师师长靳云鹗等,设法制止,必要时可以动用武力解决。同时,吴佩孚致电总工会,要代表赴洛阳面议。

1月31日,京汉铁路总工会筹委会派共产党员李震瀛、史文彬、李焕章及工人代表杨德甫等人,赴洛阳与吴佩孚交涉。在洛阳直系军阀司令部,代表们与吴佩孚见了面。吴佩孚威风凛凛地坐在太师椅上,见到工人代表进来,先声夺人地说:喔,都来了! 告诉你们,我已经下令,郑州工团的会议暂缓举行! 成立什么京汉总工会,不合时宜! 李震瀛等人没有被吴佩孚的虚张声势所吓倒,纷纷发言,据理力争。吴佩孚没待代表们把话说完,冷笑几声,"顾左右而言它",扬长而去。代表们随即也回到旅社,当夜,急匆匆从洛阳返回郑州。

李震瀛赶回郑州之时,姚佐唐带着彰德铁路工会的3名代表,正乘坐夜班车赶往郑州。他是以中国劳动组合书记部北方分部代表、彰德站铁路工会会长的身份出席会议的。行前姚佐唐和工友们特地定做了一块烫着"祝贺京汉铁路总工会成立"鎏金大字、1米多高的匾牌和锦旗,准备热热闹闹庆贺总工会的新生。[①]

谁知下了车,就发现气氛不对。尽管还是凌晨时分,但站里站外都是士兵,恶狠狠地驱赶着人群。姚佐唐一行随着客流走出车站。清晨的郑州街头,军警荷枪实弹,如临大敌地沿街排列。原来,在吴佩孚指

① 中国铁路上海局集团有限公司党委宣传部:《长三角铁路革命史话》,第33页,中国铁道出版社,2019。

使下,郑州已经紧急戒严,但"京汉铁路总工会成立大会"红色标语依然高挂在古城郑州的大街小巷。由于姚佐唐曾在郑州打工多年,对环境非常熟悉,他带领大伙走街串巷,很快就到达了预定的参会代表集中地五洲大旅馆。

2月1日上午10时,在李震瀛、项英等人率领下,300多名各路站代表和各工团代表冒着刺骨的寒风、纷飞的雪花,迎着反动军警的刺刀,从五洲大旅馆向花地岗普乐园剧场进发。

在离会场不远处的街头,队伍被武装军队阻拦,工人代表们一边不断地高喊着"结社自由!""劳工神圣!"口号,一边举着匾牌向前冲。士兵们手持长枪挡在路中。双方都没有退缩的意思,相持在那里。

眼看时间一分分过去,快到12时了,姚佐唐和代表们突然齐声呐喊:"冲啊,冲啊! 开会啰!"代表们前推后拥,奋不顾身,一下冲破了军警的拦阻线。见到贴在会场门前的封条,气愤不已的代表们一把撕去门上的封条,砸开门锁,涌进普乐剧场。

军警迅即将会场包围,接着一名军官冲上主席台,要挟代表,限5分钟退出会场,否则就要发生流血事件。李震瀛不顾反动当局的警告,以京汉铁路总工会秘书的身份领头高呼:京汉铁路总工会成立万岁! 姚佐唐也挥着拳头说:我们铁路工人有志气、有骨气、有勇气,决不向敌人的子弹和刺刀屈服,我们一定要坚持到底,开一个胜利的成立大会!

会议在呐喊声和对峙中艰难地继续着。

下午4时,总工会成立大会在军阀的武力高压下被迫宣布散会。

代表及来宾所住各旅馆也被军警包围,不许自由走动和交谈;总工会会所被重兵占驻,禁止工人出入;室内一切文件、什物被捣毁一空;各团体所赠的匾额、礼物等尽被摔毁,弃置道旁;各地代表和来宾被勒令离开郑州。

姚佐唐和李震瀛、游天洋等人在郑州车站附近召集徐州、洛阳、开封和彰德铁路工会部分代表召开了临时会议,布置大家赶紧乘坐夜车回到原地,等候总工会的消息,并做好声援京汉铁路总工会大罢工的准备。

　　送走彰德、徐州等地的代表后,姚佐唐和李震瀛赶到郑州一个铁路工人家中,参加了在这里举行的京汉铁路总工会秘密会议。经过激烈讨论,会议最后决定,原来筹备总工会的班子临时改为京汉路罢工委员会。考虑到郑州总工会已无法办公,会议决定将京汉铁路总工会办公地址由郑州迁移到武汉江岸分会。

转战汉口

　　当天,姚佐唐和京汉铁路总工会负责人一起离开郑州,来到武汉。

　　京汉铁路总工会江岸分会坐落于汉口解放大道 2185 号,这是一座旧式砖木结构的普通院落式民房,原江岸"老君会"的会址,今为武汉二七纪念馆所在地。

京汉铁路总工会旧址(今汉口解放大道 2185 号)

　　1923 年 2 月 3 日,罢工委员会在江岸分会召开会议。中共武汉区委、中国劳动组合书记部武汉分会和湖北全省工团联合会成员张国焘、罗章龙、陈潭秋、包惠僧、林育南、许白昊、项英、施洋、杨德甫、陈天、林祥谦等同志也参加了会议。会议决定组成罢工指挥中心,于1923年2月4日举行京汉铁路全路总同盟大罢工,并拟就《京汉铁路总工会全体工人罢工宣言》。

会议明确杨德甫为罢工委员会委员长,凌楚藩、史文彬为副委员长,项英为总干事。罢工委员会指挥部驻守汉口,通过京汉铁路全路电讯系统调动机车指挥全路,郑州由高彬、姜海士、刘文松负责,长辛店由吴汝明、史文彬、洪尹福负责,江岸由林祥谦、罗海澄、曾玉良负责。罢工命令由彭占元、马定清、刘文松及其他火车司机负责传达,各地代表设法回到自己的岗位,对京汉铁路全路总同盟罢工进行全力援助。

会后,罗章龙和史文彬等北京地执委和劳动组合书记部北方分部的领导,率15名纠察队员乘罢工专车由汉口,沿信阳、广水、郑州、安阳北上,视察罢工情况。[①] 姚佐唐和李震瀛留在汉口协调指挥大罢工的工作。

2月4日,京汉铁路大罢工开始了。按照总工会的布置,郑州、江岸、长辛店分别于9点、10点、11点宣布罢工,正午12时,全路客车、货车、军车全部停驶,车站、桥梁、道棚、工厂一律停工。在长达1300余千米的京汉铁路上,3万名工人在3小时内有条不紊地举行了总同盟罢工。军阀企图用武力强迫工人复工。但是工人们"没有总工会的命令,决不复工"!充分体现了中国工人阶级高度的组织性、纪律性和顽强的战斗精神。

2月6日,陈潭秋等组织了武汉各工团2000余人的慰问队赶到江岸分会。队伍从江岸出发,穿过五国租界到达华界,途中不断有工人群众自动加入行列,抵达罢工指挥部时达3000余人。李震瀛和姚佐唐代表京汉铁路总工会致谢。李震瀛发表了慷慨激昂的讲演。

京汉铁路工人大罢工很快引起帝国主义和反动军阀的恐慌。

---

① 中国革命史博物馆编:《罗章龙教授谈"二七"京汉铁路大罢工》,载《北方地区工人运动资料选编》,第422页,北京出版社,1981。

林祥谦

施洋

2月7日,在帝国主义势力的支持下,吴佩孚调动军警在京汉铁路沿线血腥镇压罢工工人。在武汉,京汉铁路总工会江岸分会委员长林祥谦和数十名工人于2月7日晚被捕。林祥谦被捆绑在江岸车站电线杆上。反动派强迫他下复工令,林祥谦宁死不屈,壮烈牺牲。多年积极参加工人运动、抨击军阀暴行、被誉为"劳工律师"的施洋,也在汉口被捕,2月15日被秘密杀害于武昌洪山。

据统计,在震惊中外的二七惨案中,先后牺牲52人,受伤300余人,被捕入狱40余人,被开除而流亡1000余人。

2月8日,《申报》第4版刊登《京汉路工潮益烈》专电:

东方通讯社六日汉口电云,京汉铁路之同盟罢工工人组织决死队,因破坏刘家庙附近之轨道数十条,遂与武装之军起冲突。报道称在汉口,2月7日当夜,天降大雪,反动军警把京汉铁路总工会江汉分会委员长、共产党员林祥谦绑在江岸车站站台的木桩上,让他下令复工,遭到断然拒绝。林祥谦英勇就义。[1]

2月9日,为了避免更大的牺牲,罢工指挥部成员含着热泪,悲愤

① 《京汉路工潮益烈》,载《申报》1923年2月8日第4版。

地以武汉工团总工会的名义下达复工命令。

冒险上书请愿

复工以后,北方工人运动转入低潮。

姚佐唐乘坐机车回到郑州。已是初春时节,但郑州车站一片肃杀之气。在一个熟悉的工友的引路下,姚佐唐找到郑州工会干事王宗培。王宗培告诉他,工会领袖除死亡、被捕之外,在南段的东走上海,设立京汉工会办事处;在北段的则北赴京津,在津浦线活动。劳动组合书记部北方分部还在北京建立了"铁路工人罢工后援会"。目睹一个个阶级兄弟被捕、被害,姚佐唐肝胆俱裂、欲哭无泪。为揭露吴佩孚出尔反尔、残暴卑鄙的行径,他和王宗培也决心赴北京一趟。

在郑州停留几天后,他们接到中共北京地执委的通知,遂带着几个工友一起赶到北京。在北京沙滩附近的一个旅店,姚佐唐和王宗培安顿后,急急忙忙来到北大西斋,找到"铁路工人罢工后援会",见到了罗章龙等同志。

其时,交通系和北京军警机关暗中勾结,制定了打击和绞杀中共北京地执委与中国劳动组合书记部的计划。交通系赵继贤等人迭向军阀政府曹锟、吴佩孚等人提出过激党的"黑名单"。北京通衢大街上,到处张贴着北京卫戍司令王怀庆的布告:"主张共产,宣传赤化,不分首从,一律处死。"军警们手持"黑名单",开始大肆捉拿中共要员和劳动组合书记部人员。

罗章龙告诉姚佐唐:西斋看来也不安全了。你们现在的任务依然是按地执委的布置,积极组织好善后委员会工作,慰问在狱诸工友,登记失业,安置烈士墓葬及家属生活等,同时,要通过报纸杂志及其他渠道,揭露控诉军阀政府武力镇压京汉铁路工人的罪行。

离开西斋时,罗章龙见姚佐唐欲言又止的样子,知道他们可能资费不足,就立刻通知后援会的办事员,取出几十块大头递给与姚佐唐同行的工友。

回到暂住的旅店,姚佐唐、王宗培就立即通知流落北京的京汉、津浦、京奉、正太等6路驻京代表,来旅店召开联合会议,商讨善后和如何揭露控诉军阀政府等问题。经讨论,会议很快通过了《京汉、津浦、京奉、正太、道清、粤汉铁路工人致各全国工团各学校及各界的通电》和给北洋政府的明码电报。

《通电》以事实为根据,将二七惨案的真相公之于世,行文气势如虹。《通电》中云:

> 连日以来,长辛店之役,保定之役,汉口之役,郑州之役,信阳之役,我工人肝脑涂地,前仆后继,为自由而死,亦已大白于天下矣。在工人以饥饿之躯,既蒙兵队之摧残,复受奸商之封锁,死生祸福,早置度外,惟自由未得虽万死不足以馁其志……愿我同胞,其互勉之。

致北洋政府的明码电报云:

> 北京国务院交通部、保定曹、洛阳吴、河南张督理、中国各报馆及劳动界各团体钧鉴:京汉工人受军警压迫,以至全路罢工,系属逼千万不得已的举动。窃工人组织总工会,系工人应享权利,乃该无知者以吉报凶,耸动当道,而当道深知工人痛苦,不予干涉,该无知者自行暴动,欲置工人于死地,其良心丧尽,不言可知。况工人既无越轨举动,何能受此蹂躏。工人行为正当,应许工人要求。乞举持正义,速为解决;若或再事迁延,则全国工团,必取一致行动。临电盼切。①

不久,又传来灯市口工会招待所被查封,捕去负责人;草厂胡同二

---

① 中国革命博物馆编:《北方地区工人运动资料选编》,第540页,北京出版社,1981。

号被搜查一次,捕去同志一人;北大印刷所"京汉工人流血记"浇铸纸版亦被查获。反动军警在查封《工人周刊》时,又捕去工人若干。此外,在天津,《工人周刊》发行人被捕,郑州、丰台等处工会组织亦被查封,工人、学生被捕达40余人。

北京城阴云密布,空前恐怖。一些驻京代表精神有些紧张,流露出退缩思想。姚佐唐及时鼓励大家说:我们为那些牺牲的工友申冤雪恨而来,正义在我们这边!林祥谦、施洋等工友连命都搭进去,我们还怕什么?这次大罢工虽然遭到残酷镇压,但工人们的鲜血不会白流,一定会唤醒国人。

这时有位代表说,他认识一位北洋政府的国会代表,可以通过他向国会申诉此次事变的真相,提出我们的要求。姚佐唐立即表示,不管能起多大作用,送上去就达到目的了!又诚恳地提示说:不知诸君是否愿意在上书中签名?签了名,可是会被捕入狱的!

其时,敢于伸张正义、同情罢工工人的议员简直是凤毛麟角。据报载,京汉罢工发生之次日,众议员王恒等曾向北洋政府提出过质问,质问郑州警察蹂躏约法,妨害交通,请政府明白答复有无确定之善后方案。议员罗家衡等也曾向北洋政府黎元洪提出调处的建议。

文书写好后,姚佐唐建议大家都留下真实姓名。众工友都说,为死难工友申冤,怕什么!

就这样,次日上午,一封留有48位工友姓名,按有48个红印,饱含京汉、津浦、京奉、正太等6路驻京代表心血的万言书终于送达了北洋政府国会。

《上国会请愿书》中云:

乃近因京汉铁路工人拟于本年二月一日,在郑州开全路总工会成立大会,竟致横遭当局百般摧残,以武力压迫,欲根本剥夺工人之自由。于二月一日,郑州警察局长黄殿辰率警捣毁工人牌匾等物,占据工会房屋,命令饭铺不得卖与工人等食物,命令旅馆不容留工人等住宿,勒令工人及来宾等,忍饿出境。京汉工人以受此种蛮横,惨苦相逼,愤不欲生,仍出于不得已之罢工行动,而车务段长何开成、警务段长胡鸿章等,又乘机为虐,骗捕工会职员王宗培等五人,加以手铐脚镣之非刑,吓以不上工即立予枪毙。强迫发电,捏造谣言,强迫工人打手印,负使工人上工之责,种种惨无人道之举,不可胜言。……罢工后,工人等请来调和,亦是据理求平,苟当局稍有顾念国家交通,尊重人民权利之意,则应立允工人之要求,恢复工作,早已无事。乃路局立意与工人为敌,竟于各站调兵遣将,一若以屠尽我工人为快心者,致南北同有枪杀工人之惨剧发生。曾于六日深夜捕我长辛店职员十一人,赤身提送保定,至今生死未卜。据闻已经枪毙二人,次日以重兵迫工友上工,竟敢开枪轰击,工人赤手空拳,躲避不及,被击死者五人,受伤者六十余人,现在长辛店为重兵包围,出入不能自由,死者不得葬,伤者不得医,生者不得购食,光天化日之下,竟演战场地狱之行。同时武汉工人,亦被萧耀南派兵枪杀三十八人,伤及二百余人,种种横暴惨酷,言之骇人听闻,血气之伦,莫不愤慨。津浦铁路工人,亦纯为此不平,而决行罢工援助,各省工界,亦群情激昂,不愿工作。工人等为自由为国法,不得不作困兽之斗,非敢妄动,致罹法纪,苟得其平,工人等又谁不愿和平哉。工人等不善笔墨,语无伦次,意多不尽,即上所陈,亦可见民权之被蹂躏已尽。工人之冤枉,殆达极点矣。诸君关心民疾,于此空前之惨剧,必已注意察悉。此事非但京汉津浦两路工人之关系,乃系我工界全体之关系,乃民权被蹂躏之关系,乃国法被破坏之关系。长此进演,民难为民,国将不国矣。我国会有保障国家大法之责,议员系人民之代表,务请诸君对于此毁法残民之当局,请政府与以相当之制裁,为此被蹂躏之数万工人,求一安全之途径……倘政府不自觉悟,而仍继续压迫,则人非木石,谁肯坐毙,虽牺牲全工界之生命,以争人格自由,亦所不惜矣。悲愤哀惨,竭诚请愿,万望国会政府,勿使工人失望,工人幸甚,国家幸甚。伏乞鉴核公决施行。谨呈众议院。

请愿者王宗培、姚佐棠（唐）等四十八人，介绍议员吴幌等。[①]

《上国会请愿书》后，还附上了议员吴幌的《函请议会查办函》。

《上国会请愿书》和议员的质问和建议，最后都没有等到任何答复。不过，这也是北洋政府的惯常做法，不足为奇。但是，上书请愿事经媒体舆论的宣传，进一步揭露了反动政府和军阀的丑恶嘴脸。

在军警大规模在北京搜捕期间，中共北京地执委仍按原计划召开了京汉路"二七"死难烈士追悼大会，随后又在上海举行了"二七"烈士追悼大会。

1923 年 3 月 22 日，追悼"二七"遇难诸烈士大会在琉璃厂北京高师风雨操场隆重召开。追悼会以南城高师学生会名义负责筹备，京汉路工会长辛店工人刘监堂、施洋夫人等做主题报告，书记部代表王铮、姚佐唐和来自全国各地的学校、机关、工会代表 30 余人也登坛演讲，到会者约 5000 余人。大会一致通过了严惩凶手决议案。

其时，悲歌慷慨，幽燕震动。追悼大会收到来自国内外的花圈、挽联、诗文、悼词等约 500 余件，会议临时编印的《二七悲愤录》传诵一时。会议在齐声高唱"二七"纪念歌声中结束。

会毕，举行了盛大的火炬游行示威，队伍直达总统府，高呼"惩办祸首""为死难烈士复仇""实现民主自由"等口号，并提出立即撤退长辛店驻军、释放被捕工人、惩办凶手、启封工会等 7 条要求。

3 月下旬后，中共劳动组合书记部转入地下坚持斗争。但是中国工人运动并没有因此而消沉，不久又以一个新的姿态出现在帝国主义和反动势力的面前。"二七"后被迫停刊的《工人周刊》于 1923 年 5 月重新复刊。半年以后各路工会渐次恢复，一年后，全国铁路总工会成立。

---

① 《京汉工人流血记》，载中国革命博物馆编《北方地区工人运动资料选编》，第 477—480 页，北京出版社，1981。

初次被捕入狱

由于形势不断恶化，根据中共北京地执委的安排，1923 年 3 月底，姚佐唐从北京回到徐州，继续做好罢工后续援助工作，并负责陇海铁路及京汉铁路北段的工人运动。

姚佐唐回到家里，妻子宋杰华望着满面油灰、胡子拉碴的他，心疼不已，5 岁的小彰生甚至不敢靠近。

得知姚佐唐回来，当晚工友们三三两两来到他家，探听消息。姚佐唐鼓励工友们说：工人阶级是杀不完压不垮的，当局要想坐稳"宝座"，要想赚钱，必然还要指望我们工人。眼前的困难很快就会过去，在劳动组合书记部的领导下，工人运动还会继续下去！

4 月的一天，姚佐唐亲自带领姜、陈两位工会负责人一道冒着危险，来到郑州慰问二七惨案中死难烈士的家属。

慰问结束当晚，姚佐唐召集郑州周围各站工会负责人秘密开会，布置慰问遇难者家属和商讨后援事宜。会议正在进行时，因不幸走漏了消息，会场被反动军警包围。

姚佐唐见机不妙，立即发出分头撤离的命令。参加会议的负责人大多比较熟悉环境，各位工友迅速分头离开会场。

姚佐唐一行三人最后离开，避开各工友逃离的方向，他们被迫进了一个死巷内，同时被捕。军警们押着他们来到车站附近的拘留所。

在拘留所，主审法官恶狠狠地追问：会议是谁指使的，党羽还有谁？工会幕后人物为谁？见没有人回答，主审法官又问道：你们为什么要罢工？受了谁的主使？是不是要推翻政府？

三人故作不知，纷起抗辩，据理力争。

当晚，老姜悄悄地对姚说：你目标大，一旦他们知道真相，可能会判重刑，我想全案由我一人承担，你们出去后，再设法救我出去。姚佐唐说：不行，你家上有老下有小，还是我来应付吧！

第二天,军警又来提审了。这次是分别提审,姜师傅应声先站了起来。问话时,老姜自称是徐州陇海工会主持人,愿负全案责任,另外二位是来会陪坐的!不要株连二人。当即,一名军官让狱警给老姜上了镣铐,严刑拷打,继续追问。

姚、陈脱险后,立即通过郑州的党组织,组织工友们多方营救。经过上下打点,过了 2 日,姜师傅终被释放。这件三人狱中争服刑的事情,很快在铁路工人中传开,成为美谈。

此后,北洋军阀政府进一步加紧镇压工人运动,逮捕工人运动积极分子,徐州、郑州等北方地区的工会和党组织相继转入地下活动。1923 年 5 月,中共徐州(铜山)站支部停止活动。

郑州脱险后,姚佐唐安排好善后就离开了徐州,继续艰难地组织陇海铁路工人开展地下斗争。

由于宋杰华小脚,行动不太方便,还带着未成年的孩子,离开徐州时,姚佐唐嘱咐宋杰华,如有困难,先从徐州回信阳的老住处暂时住下,再找机会回桐城乡下暂避。

在中国革命处于艰困之时,1923 年 6 月 12 日至 20 日,中国共产党第三次全国代表大会在广州召开。陈独秀、李大钊、毛泽东、蔡和森、陈潭秋、恽代英、瞿秋白、张国焘、李立三、项英等来自全国各地及莫斯科的代表近 40 人出席大会,他们代表了全国 420 名党员。经过讨论,大会接受了共产国际关于中国共产党同中国国民党进行合作的指示,通过了《关于国民运动及国民党问题的议决案》《中国共产党第三次全国代表大会宣言》等文件。这些文件的中心思想是,党在现阶段"应该以国民革命运动为中心工作",共产党员以个人身份加入国民党,采取党内合作的形式,同国民党建立联合战线,以完成反帝反封建的国民革命的重要任务。文件还规定了要保持中国共产党在政治上的独立性的一些原则。

得到三大召开的消息后,姚佐唐非常高兴,他对身边的工友说:京汉铁路大罢工失败的教训告诉我们,工人阶级要在民主革命中取得胜利,就必须拥有自己的武装。要推翻反动的军阀统治,仅依靠工人阶级的孤军奋战是远远不够的,必须要有广大的同盟军,必须团结广大农民、小资产阶级、资产阶级民主派,结成广泛的革命统一战线。

第六章

阔视野 参加共产国际第五次代表大会

与李大钊、王荷波朝夕相处

在艰苦、严峻的斗争中,姚佐唐不断进步成长,革命意志更加坚定。为恢复和发展工人运动,他不畏艰险,日夜奋斗在津浦、陇海铁路线上。

1924年5月末的一天,姚佐唐刚从外地回到彰德的住处,就看到一位年轻人坐在家里。原来这位年轻人是中共北京地执委派来的使者,通知他立即赶到北京,参加一个重要会议。姚佐唐安排好工作,当晚就与这位年轻人一道乘火车赶往北京。

在北京大学校园附近的一个僻静小楼,姚佐唐与罗章龙又见面了。

罗章龙告诉他,共产国际第五次代表大会和赤色职工国际第三次代表大会将在莫斯科召开。共产国际已发出了召开共产国际第五次代表大会的通知，并附送了《第三国际第五次大会的议事日程》。通知说：第三国际的第五次大会定于 6 月 5 日开幕，贵党应派代表四人到会……代表切不可全为中央执行委员会中的分子，必须包含区域地方的分子在内。代表团中亦须有妇女和青年的代表。中共中央接到通知后，迅速决定组团参加，现在决定由李大钊带队参加会议。参加会议的还有罗章龙和姚佐唐、刘清扬等同志，大家将分头出发，在莫斯科集合。

姚佐唐十分兴奋地表示，谢谢组织上的信任！

走出国门去莫斯科，这在当时是所有革命者和许多读书人梦寐以求的事。姚佐唐既为能第一次走出国门，代表中国共产党到莫斯科参加会议而感到自豪，更为能有机会与世界赤色工运领导人共商大事而感到激动和高兴。

其时，北洋军阀政府正在通缉李大钊。李大钊被迫隐蔽在北京近郊昌黎县。5 月下旬，李大钊接到中央委派他为中国共产党出席共产国际第五次代表大会的首席代表的通知后，立即化装成商人返回北京。为了防止在途中遭到北洋政府的阻挠和破坏，代表们决定分头从哈尔滨出国。[①]

姚佐唐和罗章龙、王荷波一行遂化装成山货收购商人，从北京搭乘火车先期出发。经过长达十余天的长途跋涉，姚佐唐和罗章龙、王荷波有惊无险地到达了哈尔滨，然后经满洲里越过中苏边境，抵达莫斯科。

不久，姚佐唐和李大钊、罗章龙、王荷波和刘清扬等在莫斯科会合，住在莫斯科卢克斯大旅馆。李大钊住在三楼，每天应接来客，草拟文电，为国际报刊写文章和通讯，从清晨到深夜，十分繁忙。姚佐唐从小就好动，喜欢旅游，在忙碌的工作之余，他拉着罗章龙，各自向大会秘书处借了一辆自行车，到莫斯科大街小巷逛了一趟。为了解更多的苏联十月革命后的情况，姚佐唐还找来一本俄汉辞典，拼命地恶补俄语，准备在异国他乡做些社会调查。

---

① 向青：《李大钊与共产国际》，中国共产党新闻网，2015 年 6 月 12 日。

抵达莫斯科的第二天，姚佐唐就和同志们一起来到克里姆林宫红场的列宁墓，沉痛悼念这位伟大的无产阶级革命导师。红场是莫斯科最古老的广场，位于克里姆林宫东墙的一侧。15世纪90年代，莫斯科发生大火，火灾后空旷之地成了广场，故曾被称为"火烧场"，17世纪中叶起称"红场"。古代俄语中"红色的"一词还有"美丽的"之意，由于译名时都只取了其中的第一释义，即"红色的"，久而久之，"红场"的名称就这样沿用至今。1917年十月革命胜利后，莫斯科成为首都，红场成为人民举行庆祝活动、集会和阅兵的地方。列宁陵墓位于红场克里姆林宫宫墙正中的前面。

莫斯科红场一角

为方便交流，大会临时找来了在莫斯科东方大学学习的留学生作为会议代表的翻译。通过翻译的介绍，姚佐唐了解到莫斯科的概况和发展历程。姚佐唐还听说，十月革命后东方大学开始招收世界各国的革命者学习，另外大名鼎鼎的莫斯科大学招收工农子弟不仅免交学费，还为工人阶级子弟建立了一个预备系，以便他们能够通过入学考试。姚佐唐十分兴奋地对同行者说：等中国革命成功后，我一定要到这儿学习。

这次大会在克里姆林宫召开。由于交通不便等各种原因，预定参加会议的各国代表迟迟不能到齐,因而会议要延后2天。这天,恰巧李大钊没有特殊安排,姚佐唐和罗章龙等趁机拉着他一道重游克里姆林宫。

1917年俄国十月革命胜利后,李大钊同志备受鼓舞,曾连续发表《法俄革命之比较观》《庶民的胜利》《布尔什维主义的胜利》《新纪元》等文章和演讲,热情讴歌十月革命。在克里姆林宫圣母升天教堂门前,李大钊感慨地说:十月革命不仅建立了苏联苏维埃政权,给灾难深重的中华民族送来了马克思主义,而且标志着世界新潮流的开启。伟大的十月革命,是庶民的胜利,工农大众从此走上了政治舞台的中心。但是,中国革命才刚刚启动,未来的道路一定是漫长曲折的,会遇到许多问题,我们要很好地把握这次机会,向苏联老大哥学习。

在莫斯科,姚佐唐有幸与李大钊、罗章龙、王荷波等革命家朝夕相处,耳濡目染,弄懂了许多过去一直没有搞清楚的革命道理。李大钊不光游览景点,还与苏联民众交谈,了解十月革命前后的变化,苏联人民的生活福利情况,以及当前经济建设和往后的发展规划。李大钊的一言一行给姚佐唐留下深刻印象,从而对苏联的发展乃至中国革命前景有了更深层次的认识。

列席共产国际第五次代表大会

共产国际第五次代表大会于1924年6月17日在克里姆林宫召开,49个国家的共产党和社会主义团体的代表510人参加了大会。在这次会议上,与会代表极为重视作为民族和殖民地问题之一的中国革命问题。专门听取了中共代表王荷波、李大钊、刘清扬等同志的发言介绍,还进行了讨论。

6月30日,在共产国际五大第20次会议上,曼努伊尔斯基作了《关于民族和殖民地问题的报告》,报告中兼顾了两种不同的观点,强调殖民地国家的统一战线问题,但也讲到无产阶级的领导。他说:这个问题之所以再次被提出,是因为许多党犯了错误……他们必须考虑的新问题,就是共产党对于国民党和农民党这类政党的态度问题。共产国际已准许中国共产党加入国民党,准许印度尼西亚共产党加入爪哇工农党。在中国问题上,曼努伊尔斯基继续强调共产国际关于国共合作的政策,强调国共合作的重要性,说共产国际同意"中国共产党人加入国民党,我们知道,在这个党中,由于中国共产党人的活动,推动它走上了同国际帝国主义更坚决斗争的道路"。曼努伊尔斯基同样像拉狄克在共产国际第四次代表大会上所做的那样,又一次批评中共在国共合作问题上同共产国际存在分歧。

在 7 月 1 日举行的共产国际五大第 21、22 次会议上,重点讨论了曼努伊尔斯基的报告。在第 21 次会议上,王荷波明确表达了中共三大的精神,指出国共统一战线,有利于促进中国革命的发展。当然,中共要保持独立自主原则立场,拥护孙中山先生联俄、联共、扶助农工的三大政策,把反帝反封建的革命群众运动推向前进。李大钊也在会上做了发言,指出中共的策略是正确的,防止了国共合作随时的"右"的和"左"的片面性。李大钊说,共产国际二大曾通过了列宁制定的关于民族问题的决议,从那时起东方各国共产党按照这个决议的原则进行了斗争。中国人一方面受国际帝国主义的压迫,另一方面受中国军阀的压迫,所以中国的民族运动对两者都要反对。[①]

接着,王荷波站起来做了补充发言。他首先谈最近帝国主义在中国的活动,然后再谈民族运动的发展。在介绍了 1924 年前后帝国主义在中国制造的一系列侵略压迫事件后,王荷波又讲到中国共产党如何领导民族革命运动的情况。他说,在帝国主义列强野蛮行为增加的同时,民族运动也在发展。站在运动前列的是工人和知识青年。我们的同志领导着运动。开始时,国民党人仅仅力图借助于武装力量扩大他们所占领的地盘,并没有群众运动的观念。但是国民党改组以后在我们党影响下,开始参加同群众的接触,并发布宣言号召推翻军阀和帝

————————

① 陈晓声 张永阳:《品重柱石——王荷波》,第 145 页,中国工人出版社,2017。

国主义。

为让各国代表理解中共党员加入国民党的态度问题,王荷波抢在会议讨论快要结束的 10 分钟,再次做了补充发言,详尽地进行了解释。

根据会议议程,第 22 次会议着重讨论曼努伊尔斯基的报告,因为发言的人多,李大钊(化名琴华)没有被安排在这次大会上发言,只做了书面发言。会议执行主席盖什克说:"我们的中国同志琴华曾想作报告,但是他不能报告。他的报告将并入会议记录,也将在简报中登载。"1924 年 7 月 11 日,李大钊的发言以《中国的民族斗争和社会斗争》发表于《真理报》上。李大钊没有直接回答曼努伊尔斯基的批评,文章中,为防止国共合作问题上右的和"左"的片面性,他科学地阐明了无产阶级领导权思想。李大钊说:"我们在国民党中间工作的主要目的是唤起群众的革命精神,并把它引向反对国际帝国主义和国内军阀。我们在国民党中间把左翼拉到我们一边,因而加速革命浪潮的高涨。尽管工人运动的发展由于反动派而极为困难,但是北方的工人组织仍在我们手中。在南方,特别是在广州,国民党在工人中间有一定的影响,而我们的策略在于掌握工人运动的领导以便把它培养成革命先锋队。"

中国代表在大会上有理、有据、有节的发言得到了各国代表的理解,冲淡了曼努伊尔斯基的批评的影响,在国际间引发了良好效应。

由于中国共产党在国际共产主义运动中的地位、影响还没有受到共产国际的足够重视,共产国际第五次代表大会虽然成立了若干专门委员会,如政治委员会、组织委员会、民族和殖民地委员会、农民委员会、妇女委员会、青年委员会等,但中共的首席代表李大钊却没有能够参加政治委员会、组织委员会等重要的委员会,只有陈独秀当选为共产国际执行委员会 44 名正式委员之一。王荷波参加了民族和殖民地委员会,姚佐唐参加了青年委员会,刘清扬参加了妇女委员会。①

因为时间久远、史料散失,关于究竟有哪些中共代表出席共产国

---

① 《共产国际第五次世界代表大会(1924 年 6 月 17 日—7 月 8 日)(速记记录第 2 部分)》第 225、224、252、253 页。转引自向青:《李大钊与共产国际》,载于中国共产党网。

际五大,目前有下列几种说法:其一,李大钊、王荷波、彭述之、刘清扬(女);其二,陈独秀、李大钊、罗章龙、刘齐佳、彭述之;其三,李大钊、王荷波、姚佐唐、刘清扬、彭述之(以旅俄支部书记身份参加了会议);其四,李大钊、彭泽湘、卜士奇、刘清扬。但是,多数学者和从事李大钊研究的向青先生更倾向于第三种说法。

值得关注的是,2009 年 7 月,乐亭李大钊纪念馆专门就"李大钊1924 年苏联之行"赴莫斯科调研。李敏在《考证李大钊 1924 年苏联之行》调研报告中说,出席会议的代表有李大钊、王荷波、彭述之、刘清扬,以及在莫斯科学习的赵世炎、卜士奇。李大钊随身还藏有陈独秀签发的李大钊、王荷波、彭述之、刘清扬四人的代表证书,6 名代表均分别填写了代表登记表。[①] 4 位正式代表与共产国际所发的通知完全相符,应该是可信的。据此看来,姚佐唐虽然出席了共产国际第五次代表大会,并被选为青年委员会成员,但是,在会议期间他是没有表决权、发言权的列席代表之一。

在赤色职工国际代表大会上发言

共产国际第五次代表大会之后,姚佐唐与王荷波、罗章龙一起又参加了在莫斯科举行的赤色职工国际大会。

赤色职工国际工会第一次会议于 1921 年召开,中国当时没有代表参加。1922 年 11 月,在莫斯科召开的第二次代表大会上,中国两名代表参加,一名是铁路工人王俊,另一名是香港海员工会代表蔡国基(音)。此次第三次会议中国派出的正式代表为王荷波、姚佐唐。[②]

---

① 李敏:《考证李大钊 1924 年苏联之行》,载《党史博采(纪实)》2011 年第 7 期。
② 阿·依·卡尔图诺娃:《赤色职工国际与中国工会运动(他们相互关系的历史)》,1972 年,雨花台烈士陵园纪念馆展出档案。

姚佐唐（左）与王荷波（中）、罗章龙（右）在 1921 年的合影

　　王荷波在大会上做了关于中国工会和工人运动情况的报告，受到与会代表的热烈欢迎和高度评价。[①] 王荷波以中国产业工人代表的身份向大会报告说，中国工会是在中国工人运动发展的基础上诞生的，是在中国共产党领导下成长和壮大起来的。1921 年 7 月，中国共产党成立后不久，就成立了中国劳动组合书记部，作为全国工会的通信联络机关，1922 年 5 月，在广州召开了第一次全国劳动大会，确定筹备全国性工会组织，推动中国工人运动向前发展。他还热情赞扬中国工人阶级的优良传统，并盛赞香港海员大罢工夺得重大胜利。

　　会上，姚佐唐做了陇海铁路大罢工和京汉铁路大罢工情况的报告。他说，在中国共产党的领导下，中国铁路工会如雨后春笋般在全国铁路干线纷纷创立，铁路工人运动迅猛发展。京汉、两浦、粤汉、京绥、中东、正太等地铁路工人的罢工斗争如同海啸怒潮，特别是京汉铁路大罢工，震撼大江南北，沉重打击了帝国主义和反动军阀政府的气焰。报告中，他畅谈了对推进中国工人运动的体会，强调指出，当今世界风

---

　　① 陈晓声、张永阳：《品重柱石——王荷波》，第 146 页，中国工人出版社，2017。

云变幻,我们要确保工人运动继续发展,必须学习和接受马克思主义,把握时代,坚持无产阶级政党的领导,才能凝聚广大产业工人和劳苦大众的强大力量,沿着伟大导师马克思和列宁指引的航向胜利前进。

王荷波、姚佐唐代表中国工人阶级的发言,赢得了与会各国工人代表的热烈掌声,受到了与会代表的广泛赞扬。

会议期间,按照李大钊、罗章龙的布置,姚佐唐做了大量的案头工作。他对照《俄汉辞典》,一字一句地阅读、翻译了不少文稿。关于中国出席这次大会的代表,阿·依·卡尔图诺娃在《赤色职工国际与中国工会运动(他们相互关系的历史)》中明确指出:"出席赤色职工国际第三次代表大会(1924年7月)的两名中国代表是姚佐唐(拉廷)和王荷波,两人均有表决权。"

姚佐唐作为与会代表还参观了苏联的工厂、学校、托儿所和孤儿院。他看到在列宁领导下的苏联尽管经济十分困难,但人民的福利生活事业仍然有长足发展,心情格外舒畅。

莫斯科会议后,李大钊继续留在共产国际,并多次发表谈话,阐明中国共产党的政策。如1924年9月13日,他发表了《中国共产党中央委员琴华同志对(工人莫斯科报)记者的谈话》。1924年10月,他又发表了《中国的内战与工人阶级》谈话,对中国工人阶级的历史使命进行了进一步的阐述。不久,由于苏联援助国民军的工作开始了,急需李大钊回国,李大钊只好改变在苏联多走走看看的计划,离开了十月革命的发源地。

姚佐唐和王荷波、罗章龙等代表在李大钊之前先行离开了莫斯科前往德国,先后赴柏林和莱茵河等地学习、游览。革命导师马克思的故乡和其他文化古城的风光深深吸引了姚佐唐和王荷波。罗章龙曾在北京大学外语专修科学习,对德语和俄语都很精通,一路上热情地兼任翻译。姚佐唐对莱茵河畔的一草一木尤其感兴趣,听得格外认真,不时向罗章龙打听马克思著作的产生背景以及伟人的成长道路等等。

乔迁南京下关

回到国内,姚佐唐迅速将共产国际第五次代表大会和赤色职工国际第三次代表大会的精神,沿途向各地党组织和工会做了传达。

由于长期从事革命工作,姚佐唐在北方郑州、徐州、彰德一带的活动已引起了反动势力的密切关注。为方便工作,防止反动派的迫害,罗章龙、王荷波都建议姚佐唐向南方搬迁一点比较好。姚佐唐遂着手把家从徐州搬往南京。

好在没有多少家什,姚佐唐将两床铺盖、几件衣服卷成几个包袱,带上妻子和刚满7岁的儿子,乘火车来到南京浦口。坐轮渡过江后,他们一家在下关找了一家小旅店安顿下来。

经过仔细考察,姚佐唐很快在南京下关龙江路尽头的兆庆里,租下一处两开间平房。这里虽然地处南京城北,古城墙外,但交通方便,四通八达,距下关码头和南京火车站都很近。

当时,下关虽然号称新兴商埠区,但马路四周尚有大片的农田和破旧低矮的茅屋。姚佐唐租赁的兆庆里(一说为大江路58号)是一条闹中取静的小巷,两边散居着不少居民,他家门前不远就是一片农田,俗称"黄泥滩"。[1] 由于多年的城市建设,兆庆里今已不存,据知情人介绍,兆庆里在今天的热河路与建宁路的夹角附近,即今静海寺纪念馆对面的杨家花园居民小区。

姚佐唐的邻居李连生回忆说:"5岁时,我跟父亲来到南京,在下关区虹门口开缝纫店,店号叫'皖桐成衣店'。由于皖桐二字,一些同乡人经常来我家。姚佐唐大约1924年搬到南京兆庆里(南京解放初期为益美酱园所在地),和我家相距里把路,就这样我们与姚佐唐一家相识,且

---

① 中共南京市委党史办公室编:《南京人民革命史》,第102页,南京出版社,2005。

很要好。加上我们还有点老乡关系,所以更密切些。"①

从苏联回到祖国后,受苏联蓬勃发展的形势感染,姚佐唐感到自己活力倍增,每天仿佛有使不完的劲儿。他常兴奋地对妻子说:不久的将来,我们的国家也会像苏联那样,工人、平民当家作主,大家都能过上好日子!

在南京,姚佐唐发挥自己长期在铁路系统从事工人运动的优势,借鉴刚从苏联带回来的经验,主动深入到铁路工人中间开展工作,并着手筹建组织红色救济会(后改为互济会),帮助和救济因罢工失业的工人、遇难同志的家属和生活困苦的病残工人群众。王荷波的弟弟,中华人民共和国成立后在中央组织部工作的王凯在接受采访时说:"1924年底,姚佐唐回南京后成立了工人互济会。"②

正当姚佐唐与下关车站、浦镇机厂积极建立联系,逐步打开工作局面时,姚佐唐收到了一封中共北京地执委的来信,通知他迅速前往河南郑州。

---

① 李连生口述:《谈姚佐唐情况》,1987 年 8 月 30 日,于下关姜家园 50—4 号,存雨花台纪念馆。

② 王凯回忆,中央组织部档案。

第七章

整队伍　铁道线上"援冯讨吴"

组建铁道队

　　为了加强对日益高涨的革命运动的领导,中国共产党于 1925 年 1 月在上海举行第四次全国代表大会。大会分析了中国社会各阶级在民族革命运动中的地位,明确提出了中国无产阶级在民主革命中的领导权问题;强调了工农联盟问题的重要性,指出无产阶级及其政党如果不发动农民起来斗争,中国革命的成功和无产阶级领导地位是不可能取得的。党的四大对宣传工作和组织工作等做了具体部署,要求各地重视党的理论和宣传工作,并设立中央组织部,作为"实际上真能指导地方之党的组织"。同时,对党员和党的各级组织提出了明确的、严格的组织纪律要求。

此时,郑州已被冯玉祥国民二军胡景翼占领,在胡景翼部的默许和支持下,郑州一扫京汉大罢工失败后的阴霾,工人运动重新兴起。

在郑州铁路总工会,姚佐唐一下见到了罗章龙、史文彬等不少老朋友,虽然才分别数月,但战友重聚的欢喜之情难以言表。

1925 年 2 月 7 日,全国铁路总工会第二次全国代表大会在郑州开幕。铁路总工会党团书记文虎(罗章龙)和史文彬、邓少山(邓培)、王荷波等主持会议。出席会议的有京汉、津浦、陇海、沪宁、正太等 12 条铁路代表共 45 人。

会上,宣读了中共中央向大会发来的祝词。祝词称:"贵大会工友们竟以艰苦奋斗之结果,能在两年前惨遭巨变之同地同日召集全国代表盛会,不胜欣幸之至。敝党敬祝贵大会继续争斗胜利。"大会提出统一铁路工会的口号,并通过 10 项决议:一、恢复各路工会;二、整顿和巩固现有工会的组织基础;三、力谋工会之统一;四、确立工会经济基础;五、解决失业及救济问题;六、要求实行以前罢工争得之条件;七、力谋工人切身经济利益;八、继续集会言论罢工之争自由;九、赞助国民革命,并参加国民会议;十、训练并教育工友群众。大会通过了工会章程,发表了宣言。

大会选举王荷波、史文彬、姚佐唐等执委 18 人,委员长王荷波,总干事(党团书记)张昆弟。

在京汉铁路总工会的领导下,沿线各站工会迅速公开开展活动。郑州各业工会也陆续恢复和建立,逐渐掀起了以郑州为中心的河南工人运动的新高潮。

3 月 12 日,突然从北京传来孙中山病逝的消息。

孙中山的去世,给国共两党的合作投下了巨大阴影。全国各地,国共两党组织各界人民举行哀悼活动,传播孙中山的革命精神,形成一次规模巨大的革命宣传活动。姚佐唐和许多共产党人都在报刊上发表文章,阐述孙中山革命思想和革命事业,对这位中国民主革命的伟大先行者和中国共产党的诚挚朋友表示深切的悼念和敬意。

为了继承孙中山的遗志,支援冯玉祥领导的国民军讨伐北洋军阀吴佩孚,中共北京地执委决定组织一支由铁路工人组成的铁道队奔赴河南战场。在讨论如何组织、谁来做领队时,区党委领导们不约而同都想到了姚佐唐。

时在郑州的国民二军准备西进洛阳,乘胜追剿直系军阀阚玉琨部。因铁路当局为北洋政府交通系传习所员司所控,时常阳奉阴违地提出种种国民二军司令胡景翼搞不清楚的理由,使国民军的迅速出击陷入了进退两难之中。

在罗章龙和史文彬登门联系时,胡景翼听到铁路工会大力支持冯军,并可以组织一个铁道队随军作战后,喜出望外,决定联合铁路工会的力量,共同打击盘踞在豫西的直系军阀阚玉琨等部。

京汉铁路总工会征发 50 名铁道交通队员的告示贴出后,得到工友们的积极支持,纷纷报名参加。不几天,京汉铁道队顺利组建完成,隶属国民二军管辖。当月,奉命自郑州开往陇海路西段前线。

铁道队平常吃住都在车上,除了做好机车的日常维护,负责铁路线上的行车安全,负责机车车辆的维护和水、电、煤的补充外,还要时时冒着枪林弹雨随军前进。有时,宿营车停靠在前不靠站、后不着村的荒山野洼,就需要一边防备敌军袭击,一边防备土匪打劫。

由于长期的战争,陇海路被破坏得一片狼藉,火车西行仅 200 多公里就被迫停靠下来。这个小站,铁路工人大多逃难走了,车站上只有几个工人在做事。火车开出车站再往前不远连轨道都没有了,被掘起的路轨、枕木,散乱地堆在铁路轨道两旁,沿路的桥梁要隘处还隐埋着地雷、炸弹,车站上,车辆、水塔应用器具等也没有一样是完整的。

姚佐唐指挥铁道队带领工人冒着炮火,高效率地铺路架桥,保证铁路线畅通。火车载着国民军顺利前进,有力地支持了战事的发展。

在洛阳附近,姚佐唐身先士卒,带领铁道队连续工作 72 小时,修好了被吴佩孚残兵炸毁的几个车头和几十辆列车。陇海路外国工程师看到后惊叹不已。

在姚佐唐留下的《一个革命战士的回忆》中,记下了这动人心魄的故事:

我们就在那流弹四射的旷地,随着阵线节节向前移动工作。后来洛阳一战,阆军大败西窜,他临去时纵火焚烧车站,用大炮轰毁铁路和车辆,30多具车头,50多辆列车,纵横狼藉都被毁坏在地上。这一场空前的破坏,据当日陇海路外国工程师估计,至少1个月才能清理出轨道,3个月才指恢复原状,可是工会命令却限我们3日内修好几个车头和数十辆列车,迅速追击敌人。于是我们连续做了72小时的工作(三昼夜),一切修理完竣后,运输畅通,不到二个星期,敌人便完全肃清了。[1]

国民军从这以后开始认识到工会和铁道队的力量,遇到交通和运输方面的困难,常常向工会和铁道队请求援助。

洛阳战事结束后,铁道队转回到郑州休整。不久豫南战事又起,吴佩孚与奉系张作霖相互配合,战争久久不决。

1925年9月,为配合国民军北上作战,铁道队又随国民军从郑州东行,在徐州沿津浦线向北进军。每到一处,铁道队除完成保养机车、维修铁路的任务外,还成立了北伐宣传队,常组织队员走上街头贴标语、发传单、召开群众讲演会,进行革命宣传。

临近济南时,已是深秋,国民军与奉系军阀展开了激烈战斗。姚佐唐率铁道队到达兖州时,听说前线这几天又打了胜仗,总司令部移到泰安去了,他们随即登车向泰安进发。战争很激烈,沿铁路线都是没有来得及掩埋的尸体,还有满身血污、挣扎着呻吟着的伤员。姚佐唐立即率领队员们投入到包扎和抢运工作中。他们一边小心地将伤员们抬上铺有麦秸、稻草的敞车,组织人手将伤员运往后方,一边掩埋好牺牲在铁路线上的兵士们。

车抵泰安车站时,天色已晚,担心第二天队伍就要出发,姚佐唐带上6位工友携上宣传品抓紧时间离开车站,沿着两旁夹种着柳树的马

---

① 姚佐唐:《一个革命战士的回忆》,载河北省政协文史委员会编《河北文史资料》1982年第8期,第28—30页。

路,向城里走去。泰安城的店户人家早已闭门歇息,他们麻利地取出传单、宣言、口号等印刷品,张贴在城内城外的通衢要道。鼓打二更时,他们才找到一家没有关门的客店安歇,准备第二天一早召集市民,进行演讲。

> 第二天,我们在岱庙前开一次会议,因战事未定,人心惊惶,到者只有二百上下,我们轮流讲演。会开完后,我们复分队沿街演讲,并散许多传单。结果,一般市民都渐渐明白战争的意义。[1]

下午1时,姚佐唐一行刚从城里回到车站,突然看见车站一片骚乱,站台上的火车冒着浓烟,呜呜不绝地乱鸣,兵士们从四面八方爬上火车。原来,在泰山北面的八里洼一战,国民二军大败,从前线溃败下来了。过了几小时,情势越加混乱,溃兵如崩山倒海一样汹涌而来。姚佐唐原来乘坐的机车和站上的车辆,在一名不知是旅长还是团长的指挥下,被向南开去。剩下的一辆运兵车也挤满队伍、辎重,还有兵士攀援上车顶、车头。无奈之下,姚佐唐带着铁道队员抛去行李,也挤在车头的煤堆上随车南下。

站台上汽笛呜呜乱鸣,一片嘈杂,遥闻轧轧的声音从东北角上传来。他们抬头一看,只见四五架飞机自北方飞来,眨眼间又盘旋在车站的上空。随着轰轰的雷鸣声,一个炸弹落在离车头2丈远的月台上爆炸了,接着连续地又抛下几个炸弹,其中一颗落在车站附近的道棚工房屋上,登时冒起浓浓的黑烟。

火车载着溃军一路南下,因车辆拥挤,沿路车站员司多半是交通系的走狗,故意将轨道弄得混乱不堪,几次险些出轨。为防不测,姚佐唐与一位工友分攀在车头的左右两侧,举着绿旗引路指挥。途中,有个司机听信车站交通系误导,中途借故逃脱,他们便立即去代理驾驶工作。他们拼尽全力,终于将装满兵士的车辆平安开到了徐州车站。

---

[1] 姚佐唐:《一个革命战士的回忆》,载河北省政协文史委员会编《河北文史资料》1982年第8期,第30页。

20 世纪 20 年代使用的信号机

奋战在铁路线上

回到徐州时,前线又发生了激烈的反攻。无辜的平民和还在铁路上做事的工人被炮火殃及,死伤不计其数。姚佐唐和队友们只得留在徐州车站等待新的任务。有时司机配不齐班,姚佐唐就带着铁道队队员驾车,冒着弹雨枪林,驶向前线。

10 月间,国民军与奉系吴佩孚的战事再次进入拉锯状态。以后,中共北方区委以铁路总工会的名义又发来电报,姚佐唐就按指示率铁道队整队回到郑州。

在郑州铁路总工会驻地,姚佐唐高兴地得知,近段时间,南方工人运动和革命形势发展很快。在北方,冯玉祥率领的国民军与吴佩孚的战事也取得了很大进展,目前正在扩大战果,向南进发。根据中共北京地执委的部署,姚佐唐积极整顿队伍,做好随时策应国民军战事向前推进的准备。

12 月间,退缩在河北的吴佩孚重整队伍准备向南进发,奉系军阀部队在信阳一带也蠢蠢欲动。为配合国民军的战斗,姚佐唐不断地奔走在京汉、津浦铁路线上,检查布置各地工会的工作,协同国民军做好战斗的后勤保障。

当郑州南段战事风声渐紧之时,根据铁路总工会的布置和国民军师长岳维峻的要求,姚佐唐率30多名包括机务、工务的铁道队员随运输车到信阳。

在信阳一带,不少直系、交通系走狗,时思破坏交通,动摇军心,以为敌人内应。信阳铁路工会积极采取预防措施,多次制止了直系军阀和交通系的阴谋和破坏。某天,国民军正在激战时,忽然接到报告说,信阳以北的一股红枪会在当地掘毁铁路,以图车辆倒罹时截劫辎重。如果军事上断了联络,国民军的军事行动势必陷入被动,后果不堪设想。

接到通知,姚佐唐立即率领十几个队员前往现场查看,只见该处路轨已横七竖八地被毁去七八段。姚佐唐忙指挥工友们立即投入战斗。队员们机务、工务不分工种全力配合,仅仅用了不到3个小时便平整了石料,垫上枕木,拨正轨道,完成了修理任务。不一会,运送后援武器、弹药的运输车顺利通过。

大家遂在一片避风的洼地休息,忽然大队的红枪会闻讯风驰电掣而至,一队将修复的路轨道钉拔出,一队搜索施工人员。红枪会的一个头目走进道房严厉诘问工人:修复铁路的郑州工人现在什么地方?

好在天色已晚,铁道队的战士们均在暗处休息。发现情况不妙,姚佐唐迅即率工友们趁着夜色向道房后一片芦苇丛中避去。一位工友落后,即被红枪会拿去,被剥去外衣,痛打几死,随后又被带走。

过了一会,国民军一队人马驰援赶到,大家又将刚被破坏的轨道修复、整理完毕,疲惫地回到道房休息。

由于当晚天气奇寒,又兼过度劳累,当大家燃起火时,姚佐唐感到浑身发寒战,胸际苦闷,头昏眼花,发起高烧。众工友都慌了,商议后赶紧将他抬到附近的车站。天快亮时来了一辆运输车,众工友随即护送他上车回到郑州。待姚佐唐醒来时,已是第二天,车到站时才知道身到郑州了。病势来得很凶,经过几次诊治才告脱险。大夫讲,是湿热蕴结，劝他多休息些日子。

1926 年新年过后，姚佐唐的病体渐渐复原。这时，工会传来消息，国民军已自兰封退至开封。由于不敌吴佩孚和奉系军队的联合进攻，南路战事激烈，信阳困守一个多月了。北路传言更多，豫中似乎陷入包围状态，大有一举被歼的可能。国民军岳维峻也准备率军从郑州西退。铁路总工会遂召开紧急会议，决定少数负责人留在郑州开展地下斗争，凡已被敌注目的同志，分别向西路、南路撤退，并征发工人随车行动，配合国民军作战。

这时，姚佐唐病已痊愈，根据安排，他率铁道队的部分战士准备随车西行。

姚佐唐一行赶到郑州车站，车站已陷入混乱状态，岳维峻的兵士挤满了站台，线路上堆积车辆黑压压的一片，无法动弹。晨 8 点，他们登上的火车终于向洛阳开动了，蜿蜒约数公里的列车，车头就有十数个。在敞篷车上，大家议论，为什么这么多人都向西奔去，是不是逃避战争？东路的战斗尚在进行，作为铁道队这时应做些什么？姚佐唐猛然觉悟，不能往西，而应向东！

车辆在黑石关停下时，在姚佐唐率领下，几十个队员立即下车奔河北方向而去。由于同行人数太多，容易引起注意，姚佐唐决定各自分途前进，指定彰德为第一个集合地点。由于没有车辆可雇，姚佐唐和一个工友徒步北行，此时正是严冬天气，雨雪交加，道路十分泞滑。二人到达黄河沿时，已经是傍晚了。沿途土匪蜂起，截劫行旅，红枪会更是猖獗万分，遇有国民二军败兵或陕籍人即乱砍乱戳。

渡过黄河，抵达新乡时，新乡车站早被吴佩孚部重新占领。

受反动当局宣传的影响，吴佩孚兵士大多仇恨工会，他们不仅驻兵在工会机关里，而且到处捕捉工会职员和活动分子。全国铁路总工会和京汉铁路总工会的领袖人物，均是他们特别注意缉拿的。

新乡也是姚佐唐曾经活动的地方。是晚，他和同伴住宿在一位熟悉的工友家里。有些工友听说他的到来，暗地前来看望。彼此见面叙谈后，姚佐唐才知道，自国民军撤退后，这里也是兵荒马乱，秩序极其混乱。吴佩孚严厉封禁了一切民众团体。

次日，他们决定继续北行，但是不敢沿铁路走，斜傍着向距铁路十许里地的柏村庄走去。令他们意外的是，彰德境内还是国民军的防地。

抵达彰德车站时，彰德车站工会的同志正在忙着帮助驻军构筑防御工事，修复被破坏的设施。姚佐唐看到十分惊喜，连忙前往工会报到，并立即参与了他们的工作。虽然昼夜赶路，辛苦异常，但是大家心里十分乐意，说说笑笑，也就感觉不到累了。

吃过晚饭，一位彰德工会的老朋友悄悄找到姚佐唐，对他说：姚会长，你可要当心点！这个国民军的旅长看起来对工友非常热情，其实是不怀好意，我们的一位工友无意之间，听到他们正在与吴佩孚部的靳云鹗私下联络，恐怕要反！

不几天，驻军长官得知姚佐唐的身份后，立即下令一定要把姚佐唐先劝走，以防坏了大事。

当天下午，一位自称营长的长官来到工会，找到姚佐唐后对他说，北路情势危急，上峰想要请你去保定打听军情，探清楚后再回来报告，以做新的安排。

虽然明明知道这是他们的托词，但是姚佐唐也知道，自己留下来解决不了什么问题，同时因为接到铁总的来电，京汉总工会已移到石家庄暂驻，于是就顺水推舟应允下来。

才出匪窝又入土牢

临行时日，由于南来北往的火车都已停运，姚佐唐和同伴带上驻军发给的旅费就一路向北行进。为免兵士盘查起见，他们靠默记的方向，沿着小路一路向北奔去。

谁知，刚走了约摸五六十公里，忽然遇到一队土匪骑着高头大马，挥舞着砍刀迎面撞来。因躲避不及，姚佐唐和同伴一同被捉住。只见队尾紧紧跟随的还有几个男女肉票。不一会，来到一座土庙。满脸横肉的杆子头开始审问这些被抓来的人。其中，有一个像是有钱人的老头说话倔强，一口回绝没有钱，也不愿意用钱赎身。杆子头向门边的一名土匪嘴一呶，只听得"啪"的一声，子弹飞进老头胸膛，可怜的老头顿时血花飞溅，一命呜呼。其余的人吓得心惊肉跳，有的甚至哭号起来。

姚佐唐见状，走上前抱拳行礼说：大家都是穷苦人，都在混饭吃。实不相瞒，我们是郑州铁路工会的，都是长年在外做工，家乡也没有亲友，实在无钱可赎，我们愿将身边旅费全部捐出来，请当家的放条生路！

杆子头望了望他们，也干脆地说：看你俩说话，像个出来混事的！和我们一道干吧。说完，不待姚佐唐表示意见，就将他俩分配给对另一个小头目，并要求这个小头目盯紧点！

过了一天，土匪队里来了一个头目，匪徒们称之为二当家。这个二当家曾在卫辉国民二军旅部当过马弁，有一次因事与工会接洽，认识姚佐唐和他的同伴。当他看见姚佐唐被锁在院子里，大吃一惊。姚佐唐遂向他讲明情由，请他和大当家的说情，释放他们。二当家的一口答应帮忙。经过几次交涉，杆子头终应允将他俩释放。临行时，姚佐唐按照前约，将身上带的钱全部留下，再由老大取出 4 元钱算是盘缠。

二人好不容易脱离了险境，都疲乏不堪。一看，天已擦黑，二人都头冒虚汗，肚子里咕噜发响，两腿阵阵发软。幸好远远望见离铁路不太远的地方有一处庙宇。于是，二人定下神来，连跑带跌地进入庙宇。昏暗中辨出是一座关帝庙，庙里还有一位在吃着东西的先生，仔细一看是个少年军官。

二人和少年军官攀谈了一阵。见姚佐唐穿着铁路制服，军官言道：我也是赞成你们的目的，我原在国民二军当军官的。说罢，取出一些食品邀请他们合餐。是夜，朔风怒号，天寒欲雪，庙后的白杨树呼呼作响。因为太疲累了，姚佐唐也管不了其他，一觉睡去。

天明醒来，交谈中，姚佐唐知道这里离县城车站不远了。于是姚佐唐与同伴商议，不妨且到车站打听，如有车北行，搭上一站二站也好。于是二人与少年军官作别。军官还豪爽地赠送二人 2 块大洋。

走近车站，只见来往的全是武装兵士，他俩正在一旁走着的当儿，猛听见有人大喝一声"上哪儿去?"随后,几个兵士拽住了他们的胳膊,反剪缚着押到站长办公室去。后又把姚佐唐和他的同伴收押在车站的一间小木屋里。

原来京汉北段工会会员在战争中协助国民军做了许多工作,所以吴军对铁路工人既恨又怕,路面一些员司也借机报复,到处告密,陷害工友。恰巧姚佐唐进站时候,一个路面稽查员发现他们好像是仇人,所以假造一个理由向车站驻兵军官告密。当姚佐唐和同伴被押出站长室时,还看见那个稽查员在同几个士兵咬着耳朵说话。他们立刻警觉起来,因为他们知道在南段信阳一带,就发生过道棚工友被诬为探子拉去枪毙的事情。

姚佐唐和同伴在车站被囚了2日。第三日清晨,他们从窗隙窥视外间,顿感情景有异。

军士纷纷移动。他们心想难道战争逼近了吗?但不闻枪炮声。正在摸不着头脑时,忽然房门开了,走进两个大兵,命令他们起身立即离开这里。随后,一小队兵士押着他们向车站东首走去。

队伍似乎是在向旷野出发,这是一个危险的预兆,姚佐唐也不禁出了一身冷汗,心想事到如此还希望什么外间的搭救么……

一行人在两旁辙痕很深的泥泞大道上默默走着。头顶上的乌鸦呀呀乱叫,无边的悲哀袭上姚佐唐的心头。在有点梦幻的状态中,姚佐唐不知道走了多少路,转了几个弯,突然见城墙上雉堞的影子。啊,这不是进城去的道吗?姚佐唐心中豁然开朗许多,断定这不是赴刑场的死路了。

果然,进城后转过一条大街,到了县知事衙署。押送他们的军官进去交涉,他们一行在外等候。之后,姚佐唐和同伴一起被钉上镣铐,关进县衙土牢。

小小的土牢矮陋得可怜,关进了几十个犯人。开饭了,每人一小碗杂有泥沙谷壳的小米稀粥、半碗盐萝卜。各人用完后,开始闲聊起来,有调弦弄索的,有唱梆子的,也有讲故事的。

天刚黑时,大家紧紧地依偎着排列在一个土炕上,为防睡熟后跌倒，后来有人想出主意以铁环围在每人的脖子上，再用一条铁杆直贯每人脖子上的铁环，连成一串后再缚在窗柱的高处。

过了几天，姚佐唐同狱友们厮混熟了，狱卒们也对他现出几分亲热。通过与狱卒交谈，姚佐唐和同伴的手脚被从镣铐底下解放了出来。

姚佐唐趁机做起宣传。他把苏联十月革命和京汉铁路大罢工编成故事，一段一段向狱犯们讲述起来。他后来回忆说："我被邀给他们讲一点时代新故事，他们都觉得新奇，靠拢来坐着。我信口把苏俄革命党的流放生涯诙谐地说出来，讲到西伯利亚革命党人的流放生涯，工人赤卫军打退莫斯科围城的敌人，农民出身的加里宁做苏维埃大总统，他们十分感动，一个个眉飞色舞，随后我又把京汉铁路工人流血记婉转地向他们讲述了一遍，他们也是很感兴趣。从此，我们两人被大家所推重，再没有人敢无礼相待了。"①

通过相互介绍，大家都熟悉起来。这些狱友们平时对付问官时装疯弄傻，百般狡赖，但是自吹自擂时，唯恐不尽，毫无忌讳。其中一个匪首自称，自己犯案不可计数，曾是牧马集劫车案的主谋，前后过了15年或兵或匪的生活，不仅在军阀第七师当兵到过四川、湖南等省，而且在第三师当过马弁，跟吴佩孚从洛阳到山海关，山海关战败后又到汉口，从汉口单身携枪逃到河南，投奔国民二军还当了个连长。三星期前，国民二军溃败，他又回到旧日为匪的生活中去了。不过数日，却被赌友所卖，来到这里尝尝牢狱滋味。

看这位紫黑沉滞面皮、衰飒黄胡须、双瞳暗淡无神的匪首，姚佐唐心想，也不能责怪这位老人，实际上，这也是万恶封建社会造就出的一种变态的可怜的人。

姚佐唐一行被关在京汉线北段县衙的消息，很快被车站附近的工友们知道。

入狱一周后一天，一名妇女带着一个孩子前来探监，见面后姚却

① 姚佐唐：《一个革命战士的回忆》，载河北省政协文史委员会编《河北文史资料》1982 年第 8 期，第 31 页。

并不认得。这位妇人说：听说你们被解入县监狱后，就多方觅人营救，现在军队已去，案情松动很多，大概再待上几天就可以自由了。说罢，送上一些食物，又说了一大堆安慰的话。因有人在旁监视，姚不便多说，只是说不必着忙，谢谢好意。

狱卒们似乎也得到了些好处，悄悄安慰姚佐唐说，再委屈几天吧。

过几天，又有一个人来对姚佐唐及同伴说：你们今天可以出去了，可不准在本县逗留，你们要明白，还有许多人是不甘心让你们出去的，如果再出现什么岔子，那可不好了！

两个临时家属和保人办完手续，领着他们走出狱门围墙，自便而去。在街头的拐弯处，早有3名工友等候着。原来，牵头营救他们的是当地铁路工会会长、京汉铁路工会的执行委员毕师傅。去年在郑州时，姚佐唐与他在一起开过会。

知道姚佐唐多日没有吃过一顿像样的饭，毕师傅特地在小饭店点了大盘的牛肉和火烧，让他肆意啖食一顿。用餐时，彼此通报了名姓工籍，毕师傅又问他们打算去哪儿。姚佐唐把铁总来电情况向他说了，告诉他准备去石家庄集合。毕师傅劝他们尽早动身，别误了大事。但姚佐唐的同伴决意到亲戚家住两天。姚佐唐遂决定一个人坐拉煤的机车北上。

姚佐唐独自一人走向车站，可巧遇上一个生火的老陈，是新从许州（今许昌）拨来的，热情地邀他登上车头，找了个空闲地坐下来。他们一直往北，延到次日凌晨进入石家庄车站。但是，石家庄车站已被阎锡山占据。阎锡山是一个反动透顶的军阀，每到一处都要封禁民众团体，不准可疑的外人在石家庄逗留。正在犹豫之际，一位工友找到了姚佐唐，并送上一封信，原来是先走的朋友临行前留下的。信中大意是，到保定后可从水路来天津。

当晚，姚佐唐便夹在大批难民中向天津进发。"一路所见奉军摧残人民的残酷景象，形形色色，见所未见。"[1]姚佐唐穿过两军阵线，几次

---

① 姚佐唐：《一个革命战士的回忆》，载河北省政协文史委员会编《河北文史资料》1982年第8期，第31—36页。

冒不测危险,两星期后到了天津。

1926年2月7日至16日,中华全国铁路总工会第三次代表大会在天津召开。

2月7日晚,中华全国铁路总工会第三次代表大会暨天津各界"二七"纪念大会预备会,在南市第一大舞台(今东兴大街152号)召开。大会隆重悼念"二七"烈士,号召铁路工人团结起来,会后全体代表举行示威游行。姚佐唐未能赶上预备大会和示威游行,但赶上了2月9日在法租界国民饭店召开的正式会议。

全国铁路第三次代表大会会址

这次会议是在京汉铁路大罢工、上海五卅运动、省港大罢工之后召开的一次重要会议,全国18条铁路58位代表出席会议,代表着全国21万铁路员工。

大会是在中共北方区委领导下进行的,区委书记李大钊到会讲话,全国总工会给铁总三大发来贺电。会上,经民主选举,产生执委13人,候补执委7人,委员长为邓培,总干事(党团书记)罗章龙,姚佐唐为执行委员之一。大会通过的宣言指出:"我们目前最急切的工作,在破坏帝国主义与反动军阀之联合战线,扫灭奉系军阀与直系余孽之残余势力,继续国民革命的工作。"大会还通过了 28 项决议案,并决议为纪念"二七"死难烈士制作一座石碑。

李大钊在离开天津时参加了铁路总工会首次执委会。会上,他讲解了面临的形势和今后的任务。李大钊的讲话使出席会议的执行委员们倍感振奋,跃跃欲试。

罗章龙接着发言说:奉系张作霖军已经入关,在直、奉联合下,冯玉祥所率的国民军在京津一带可能坚持不了多长时间。会议结束后,请负责同志尽快转移,我们的各项工作都要做好转入地下活动的准备。

会后,在离开天津前,姚佐唐专门向罗章龙汇报了自己参加铁道队的战斗经历和被土匪、吴佩孚军队抓捕的传奇经历,史文彬也在一旁插话说:我在国民军胡景翼部参战的经历虽然没有你说得那么精彩,但也是九死一生啊!

在场的几位同志都说应该把这些都写出来,以告诫后来人革命的艰辛。

罗章龙听后,拍板说:我看我们不仅要抓紧时间编出《铁路年鉴》,还要编一本《革命战士的回忆》!

经过热议,编写《铁总年鉴》《革命战士的回忆》成为铁总的一项工作确定下来,罗章龙挂帅,姚佐唐和其他同志配合。

之后,姚佐唐随罗章龙辗转天津、北京。在与帝国主义、军阀反动派紧张斗争的日子里,姚佐唐抽空奋笔疾书,历经数月,《铁总年鉴》和《一个革命战士的回忆》终于完成。

第八章

迎胜利　铁道队武昌建功

重整京汉铁道队

　　1926年2月21日，中共中央在北京召开了特别会议。出席会议的有李大钊、张国焘、瞿秋白、陈延年、任弼时、谭平山等。会议的中心任务是解决五卅运动以后革命的总战略方针问题。会议连续召开4天，经过充分议论，会议指出，现时是中国革命发展中非常紧急的时期，是反动势力联合向民众势力进攻时期，党在现时政治上主要的职责应是从各方面准备北伐战争。

　　此时，姚佐唐也随着罗章龙和全国铁路总工会机关来到北京。铁总机关暂驻在北京大学附近的一幢小楼内。姚佐唐一面配合罗章龙编写《铁总年鉴》《革命战士回忆集》，一面有条不紊处理着铁总的日常工作。

一天傍晚，罗章龙来到铁总机关，向大家传达了中央特别会议精神。听到广东革命政府在积极准备北伐的消息，姚佐唐和同志们都感到十分振奋，纷纷表示，一定全力以赴搞好国共合作，推进国民革命军北伐。

就在广东国民革命军准备北伐之际，北京又发生了一件令人发指的三一八惨案。段祺瑞执政府开枪打死参加抗议日、英、美等八国"最后通牒"集会的群众47人，受伤者200余人。

段祺瑞政府卫队与群众对峙

惨案的起因是这样的：国民军在天津与吴佩孚军作战时，发现奉军舰艇出现在大沽口海面，随即开始在大沽口海面设防，并以水雷封锁大沽口。3月12日，两艘日本军舰护卫奉系军舰进入大沽口，并炮击国民军，致使国民军死伤十余名。国民军当即开炮还击，将日本军舰逐出。事件发生后的3月16日，日本公使馆联合英、美、法、意、荷、比、西等帝国主义国家，援引《辛丑条约》海口不得设防之条款，向北洋政府外交部提出"最后通牒"，要求北洋政府拆除大沽口国防设施。同时各国派军舰云集大沽口，武力威胁北洋政府。北洋政府外务部以"最后通牒"内容"超越《辛丑条约》之范围"，"不能认为适当"回复各国公使。

帝国主义"最后通牒"的消息传出,群情激愤。3月18日,数千北京学生和市民集合于天安门前召开"国民大会",反对"八国通牒"。国民党北京执行部、北京市党部,中共北方区委、北京市委、北京总工会、学生联合会等团体与80多所学校共约5000多人在天安门举行"反对八国最后通牒的国民大会"。

根据中共北方区委决定,姚佐唐配合赵世炎、陈乔年等,积极组织并参加了在天安门的抗议集会。李大钊主持集会,并发表了拒绝八国通牒、废除一切不平等条约的讲话。

集会结束后,与会群众又组织起来一起游行,向国务院示威。姚佐唐举着手中的旗帜,登台高呼:齐心协力,反对八国通牒,显示我们的力量!

李大钊、赵世炎、姚佐唐等昂首挺胸地走在请愿队伍的前面。

谁料,当游行队伍刚接近执政府门前,就遭到了武装卫队的开枪镇压。大街上顿时血流成河,许多人倒地身亡。李大钊、陈乔年等人也在斗争中负伤。

《申报》在次日的报道中说:"3月18日,北京群众5000余人,由李大钊主持,在天安门集会抗议,要求拒绝八国通牒。当学生游行队伍到北京铁狮子胡同执政府和国务院门前请愿时,执政府卫队在不加任何警告的情况下,向请愿队伍实弹射击,顿时血肉横飞。段祺瑞政府竟下令开枪,当场打死47人,200余人受伤。"①。

三一八惨案后,段祺瑞下台,北洋政府被控制在以张作霖为首的奉系军阀手中。直系军阀吴佩孚沦为附庸,占据两湖、河南三省和河北、陕西,控制京汉铁路。国民二军在奉军和吴佩孚军队的南北夹击下撤离河南,吴佩孚再次镇压工人运动,派军警阻挠工会组织,杀害领导人,使恢复不久的京汉铁路总工会再遭摧残。

面对帝国主义侵略程度的日益加深,军阀暴虐行为的日益加重,姚佐唐多次在铁路总工会北京临时驻地对身边的同事说:军阀混战经

① 《本馆要电》,载《申报》1926年3月20日第4版。

年,政府已不复存在,继此以往,指顾之间,富饶的国土将为荒墟,人民将化为虫沙! 真希望能参加广东革命军,早点开始北伐!

1926年6月的一天,姚佐唐等正在伏案起草文稿,罗章龙闯入门来兴奋地告诉大家:国民革命军就要在广州誓师北伐了! 姚佐唐立即回应说:咱们要赶紧行动起来了!

其时,根据中共中央的指示,为了支持北伐,配合国民革命军北上,在广东铁路总工会的努力下,广州粤汉、广九铁路工会都在积极组织铁道队,准备随着国民革命军向北进军,做开路先锋,保证铁路运输。

根据李大钊和中共北方区委的意见,罗章龙等同志迅速行动起来,立即通知在京的铁总执行委员召开会议,研究落实发动北方铁路工人支持北伐的事宜。当天晚上,铁路总工会临时会议召开,出席的有罗章龙、姚佐唐、史文彬、康景星等同志。会上分析了形势,并做出了各路铁路工会迅速组织力量,组建有力的铁道队支援国民革命军北伐的决定。

会议结束后,姚佐唐立马离开铁路总工会驻地,从北京出发,乘火车一路南下。在徐州,他找到了五六个原铁道队的战友,并通过关系带信给开封、彰德等地的工友,通知他们速往广州,在广州铁路工会会合。

姚佐唐一行在津浦线的终点浦口车站下车。过江后,他们来到南京。在下关火车站转车时,姚佐唐安排好同行的工友,才回家与妻子宋杰华和孩子见面。

在姚佐唐离开的日子里,因为没有收入,宋杰华不得不靠典卖结婚首饰和左右邻居的接济度日,后来又找到给别人洗衣、缝补的零活,挣得一点零星收入,艰难地维持日常生活。妻子见他回来,喜极而泣,但姚佐唐歉疚地告诉她还有个大事要办,晚上就要走。

当晚,姚佐唐领着工友们再次搭乘火车,途经上海,几经周折来到广州。遵照罗章龙的交待,他们首先来到铁路总工会驻广州办事处。铁总办事处与全国总工会同驻在广东咨议局旧址,位于今中山三路广州起义烈士陵园内,办事处主任为铁总工会执行委员邓培。

邓培算得上是姚佐唐的老战友了,年长姚4岁,1883年生,广东三水人,与姚佐唐的经历相仿。他14岁在天津天德泰机器厂学徒,17岁到京奉铁路唐山制造厂当工匠。五四运动爆发后,他在工人中组织职工同仁会和十人团,领导全厂工人游行示威。1921年春,加入北方共产党早期组织,领导成立唐山制造厂工会,被选为委员长,后任唐山制造厂党支部书记。1922年1月出席在苏联莫斯科召开的远东各国共产党及民族革命团体第一次代表大会,作为中国工人代表,受到列宁的接见。回国后任中共唐山地方委员会书记。1923年,被选为京奉铁路总工会委员长。中共三大上,被选为中央候补执行委员。1924年2月,在北京参与领导召开全国铁路工人代表大会,正式成立中华全国铁路总工会,被选为委员长。1925年1月在中共四大上,继续被选为中央候补执行委员,任中共中央驻唐山特派代表兼中共唐山地委书记。2月,到郑州主持召开全国铁路工人第二次代表大会,被选为全国铁路总工会执行委员。5月赴广州出席第二次全国劳动大会,被选为中华全国总工会执行委员。同年底被调到北京,专做全国铁路总工会工作。1926年2月,邓培在天津主持召开全国铁路工人第三次代表大会,继续当选为铁路总工会执行委员。不久,奉命来到广州,领导铁路工人支援省港大罢工,组织铁路工人纠察队和省港罢工工人纠察队,打退了反动武装对粤汉铁路总工会的袭击。同年5月,出席第三次全国劳动大会,再次被选为全国总工会执行委员。这段时间,邓培一直为组织铁路工人支持北伐战争而忙碌着。

在铁总办事处,姚佐唐与邓培亲切见面。对姚佐唐一行的到来,邓培十分高兴,说:你们来得正好,国民革命大军现已准备停当,很快就要誓师北伐,10万大军北伐运输任务很重,军队和军需多靠铁路运输,根据广东区党委和铁路总

邓培

工会的布置，粤汉、广三、广九铁路线上的工人都在积极准备成立交通队，时刻准备上战场。

姚佐唐爽快地答道：我们这次来就是随时准备听候革命军的召唤！

不几天，史文彬、康景星也率领郑州、洛阳、开封等地工友分别赶到广州。经邓培代表铁总与国民革命军协调，粤汉、广三、广九、京汉铁道队正式建立，各铁道队，设大队长和副大队长3名，直属国民革命军司令部管辖，分别受随军长官指挥。其中，京汉铁道队由史文彬任大队长，姚佐唐、康景星任副大队长。

史文彬，河北青城县人，与姚佐唐同在铁路工作，交谊深厚。五四运动时，史文彬就积极组织工人支援学生的爱国反帝运动。1920年4月，邓中夏带领"北京大学平民教育讲演团"来到长辛店，开展平民教育活动。在邓中夏、张太雷等人的指导下，史文彬等人于1921年1月办起了"长辛店劳动补习学校"。1921年7月，经邓中夏介绍，史文彬加入中国共产党，成为长辛店铁路机厂的第一名共产党员，也成为全国最早的工人党员之一。1923年1月，京汉铁路总工会在郑州举行成立大会时，史文彬曾与林祥谦等亲赴洛阳与吴佩孚谈判，领导并参加了京汉铁路总同盟大罢工。2月6日深夜，史文彬在长辛店遭反动军警逮捕，在狱中遭到严刑拷打，毫不屈服。直到1924年11月，才被党组织营救出狱。1925年初，史文彬任全国铁路工会委员长。1926年3月，在京汉铁路抚慰"二七"难友家属时，史文彬又一次被捕，后被张家口工会保释出狱。[①]

康景星也是姚佐唐的老战友。1922年京汉铁路总工会在郑州召开第二次筹备会议，他被选为总工会筹备委员。8月，为配合长辛店工人"八月罢工"，康景星带领正定工人进行罢工斗争并取得胜利。1923年2月，在领导正定铁路工人参加京汉铁路大罢工斗争时，康景星被反动军阀曹锟部逮捕入狱，与史文彬一起被关押在保定监狱。1924年11月，经党组织营救出狱，继续从事工人运动。1925年2月，在全国铁路

---

① 中共淄博市委党史研究室：《党史人物史文彬》，淄博党史网。

总工会第二次代表大会上被选为执行委员。1926年初，在天津召开的全国铁路总工会第三次代表大会上，被选为全国铁路总工会执行委员。①

三位长期在北方并肩作战的老战友如今在广州见了面，分外高兴。

7月9日，国民革命军在广州誓师北伐。国民革命军共有8个军，约10万人，总司令是蒋介石。7月12日，中共中央发表《中国共产党关于时局的主张》，14日，国民党发表《北伐出师宣言》，两党一致号召全国人民支持国民革命军进行北伐。北伐战争的目的是推翻帝国主义支持的北洋军阀的反动统治，实现中华民族的独立、自由、民主和统一。北伐的主要对象是三支军阀部队：一是直系吴佩孚，二是奉系张作霖，三是由直系分化出来、自成一派的孙传芳。

其时，北洋军阀直系吴佩孚军约30万人，控制湘（湖南）、鄂（湖北）、豫（河南）等省和直隶（河北）保定一带；孙传芳军约20万人，盘踞赣（江西）、闽（福建）、浙（浙江）、皖（安徽）、苏（江苏）五省；奉系张作霖军约35万人，占据东北三省、热河、察哈尔、京津和山东等地。根据敌我双方军事力量对比和军阀之间的矛盾，国民革命军总司令部在以加伦为首的苏联军事顾问建议下，制定了集中兵力、各个击破的战略方针，首先向吴佩孚部队盘踞的湖南、湖北进军。

这天清晨，插满彩色旗帜的列车在机车牵引下，满载着官兵和军需隆隆驶出广州车站。列车驶出车站时，姚佐唐和史文彬一起雄赳赳气昂昂地走上站台，向工友们报告工人阶级在中国革命运动中的地位与责任。要求大家在这次史无前例的推翻帝国主义和军阀政府的战斗中，发扬京汉铁路大罢工的斗争精神，为消灭镇压工人运动的吴佩孚贡献力量，并展示工人阶级的伟大力量！

为防止军阀残余势力的袭击，铁道队的战士们随身携带了枪支弹药，准备了需要更换的各种车辆备品配件，登上了火车，在欢声笑语中一路前行。

---

① 杜来全、王真胜：《早期工人运动中的共产党员康景星》，共产党员网，2015年1月9日。

在各界民众的支持下,北伐军高歌猛进。

北伐途中,中国共产党各级组织在广东、湖南、湖北等省领导工农群众积极参与运输、救护、宣传、联络等工作,为北伐胜利进军提供了有力保障。

进入湖北后,军阀吴佩孚企图凭借汀泗桥、贺胜桥的险要地势阻止北伐军的进攻。经过北伐军将士的浴血奋战,8月下旬终于攻下汀泗桥、咸宁和贺胜桥险隘,击溃吴佩孚主力。

随着战事的北移,铁道线的维修和保障任务日趋加重。"铁路沿线路枕木随地被掘,桥梁要隘处或被炸毁或埋有地雷,车站上车辆、水塔、应用器具,没有一样是完整的。"[1]

姚佐唐和史文彬等率领铁道队队员们,夜以继日,不分机务、工务、警务工作分工,整修铁路线路,逢被敌人破坏的桥梁,就团结一致连续工作,想方设法保证线路的畅通。每到一处,他们还把铁道队员分成几组,携带着事先写好的宣传标语在车站周围和大街上张贴,并召开街头演讲大会,向群众宣传北伐的意义,号召人民群众团结起来,支持北伐战争,推翻军阀反动政府。

鏖战武昌城

1926年9月1日,按照既定计划,北伐军进抵武昌城下。

武汉是辛亥革命的策源地,京粤、京汉铁路的交会处,也是当年京汉铁路大罢工的指挥部所在地。

全力以赴支持北伐军尽快占领武汉,活捉吴佩孚,成为铁道队官兵的一致呼声。他们一面主动将了解的情况和搜集的情报派人送往前敌指挥部,一面积极为北伐军引路参战。

---

[1] 中共南京市委党史资料征集编研委员会、南京雨花台烈士陵园管理处编:《南京英烈·姚佐唐》,第127页,南京工学院出版社,1987。

当日凌晨3时,北伐军第四军等部开始攻打武昌。因城墙坚固,并遭蛇山上敌人居高炮击,进攻未能得手。

9月5日凌晨3时,北伐军开始第二次攻打武昌。第四、七军携带木梯,一次次强行进攻登城,遭到吴军的顽强抵抗,北伐军战士整排整连地牺牲在阵地上,但仍未攻下。

是日中午,蒋介石偕加伦、李宗仁等到洪山一带视察。加伦见部队伤亡过大,力主暂停进攻,先扫清外围敌堡,对武昌暂取包围态势。

当夜,遭包围的吴军刘佐龙部在北伐大军压境的情况下,毅然响应国民革命军策反。战斗打响后,刘佐龙率部调转枪口起义,合力猛打吴佩孚的司令部,吴仓皇登车北遁。

9月7日,国民革命军占领龟山及汉阳兵工厂,全部占领汉口。

在汉口工人大力支持下,战事进展顺利。吴佩孚的主力基本被消灭,在湖北只剩下武昌一座孤城。

为配合北伐军尽快拿下武昌,姚佐唐和史文彬等带领铁道队员们冒着纷飞的枪弹,不顾危险修好武昌城下遭吴军破坏的铁路,然后又驾着机车将前方急需的铁道装甲车运送到武昌前沿阵地。

铁道队装甲车

准备再次向武昌发起进攻的第四军独立团官兵看到开来的铁道装甲车,纷纷击掌欢呼。

在前沿阵地的叶挺团长,从远处见到运来铁道装甲车也不住叫道：来得正是时候！战后要为铁道队请功！

经过一个多月的围攻，武昌城终于被国民革命军攻克。此役共俘敌刘玉春、陈嘉谟以下官兵1万余人，完成全部占领武汉三镇的任务，吴佩孚的主力被彻底消灭。

中国铁路工人运动史大事记中记载：

> 北伐军进攻武昌时，铁路工人及家属在粤汉路工会的领导下，冒着枪林弹雨，为革命军送给养、运弹药、救护伤员，工人秘密修好城旁的铁路，把从南方开来的火车驶赴徐家棚火车站，拖送铁甲车和部队到前方阵地。①

不幸的是，在抢修徐家棚至武昌的铁路线时，数枚从天而降的炮弹在姚佐唐身边爆炸，2名铁道队员当场身亡，姚佐唐也被飞起的石块和弹片击中，浑身上下成了一个血人，左边一条腿的胫骨外露，倒在血泊之中。众战友冒着战火将他救起，立即将他送往战地医院急救包扎。②

在攻占武昌战斗中，以共产党员为骨干组成的叶挺独立团战功卓著，为所在第四军赢得"铁军"的称号。战斗胜利后，史文彬、姚佐唐率领的铁道队也因保障有力、抢修有功受到了通令嘉奖和物质奖励。

养伤汉口

经过后方医院的抢救，姚佐唐的生命被暂时保住了，但医生认为他的伤势严重，可能需要截肢，应赶快送到好一点的医院。护送姚佐唐

---

① 中国铁路总工会工运史研究室、中共铁道部党校教研室编：《中国铁路工人运动史1881—1949》，第128页。

② 中共南京市委党史资料征集编研委员会、南京雨花台烈士陵园管理处编：《南京英烈·姚佐唐》，第128页，南京工学院出版社，1987。

来医院的两名战士连忙回到铁道队临时驻地报告。史文彬听说后，立即安排康景星带着队员前往第四军司令部报告详情，请求司令部给予支持，一定设法保住姚佐唐的生命。

这样，姚佐唐被急送到汉口一家教会开办的医院抢救。这家医院是国内历史最悠久的医院之一，也是当时武汉最好的医院。在第四军司令部的协调下，一名外籍主治医生对姚佐唐的伤势做了进一步检查，为防止腿部感染的加重，清创后截去了他左腿膝部以下的伤肢。

姚佐唐清醒之时，武汉三镇已经完全被国民革命军占领。

武汉三镇，长江两岸，旌旗漫卷，歌声飞扬，汽笛长鸣。全市的工人、市民和学生都沉浸在欢庆胜利的兴奋与喜悦之中。

北伐军占领武昌，国民革命重心由珠江流域转移到长江流域。12月，一批国民党中央执行委员和国民政府委员相继抵达武汉。

12月5日，国民党中央正式宣布中央党部和政府停止在广州办公，各机关工作人员分批前往武汉。广东国民政府遂从广州迁址武汉，开始了"武汉国民政府"时期。

工人阶级在攻占武汉的北伐战争所表现出来的英勇战斗、不畏强暴、顽强拼搏、前赴后继的革命精神，深深地震撼着姚佐唐的心灵。在斗争实践中，他变得更加坚强、更加成熟了。

"打倒列强！打倒列强！除军阀，除军阀！努力国民革命，努力国民革命！齐奋斗，齐奋斗！……"振奋人心的《国民革命歌》，不时透过病房门窗传入姚佐唐的耳中。

一天下午，史文彬来到病房探望姚佐唐，询问姚的伤势，并告诉姚，北伐军占领武汉后，铁道队就和铁路工会一起参加了京汉、京粤修复工作。由于吴佩孚以为能固守武汉，铁路破坏程度不大，在工会的努力下，没用几天时间，汉口、武昌铁路已清除了障碍，北上和南下的线路已经通车。

史文彬还勉励姚佐唐好好养伤，准备投入新的战斗。姚佐唐拍着胸脯说：已经完全好了，只是洋医生告诉我，再等段时间，待假肢做好，试用一下，就可以出院了。谁料他们的此次分手，即是永别。

1927 年初，姚佐唐伤情刚刚好转，听说老上级罗章龙也调到了武汉工作，就迫不及待地拄着拐杖一瘸一拐地来到四成里铁总工会找到罗章龙，要求给自己安排新的任务。

罗章龙关切地询问起他的伤情。姚佐唐抬起腿当着罗的面来回走了几步，表示现在穿上假肢后，走路基本正常，只是还有点不太服帖，再修改一下就好了。

这时，罗章龙已奉调从北京来到了武汉中央局工作，兼任湖北省委委员、宣传部长和中共武汉市委书记。在此期间，他还担任了中共湖北省委机关刊物《群众》的主编工作。

罗章龙向姚佐唐介绍：北伐战争已经取得重要战果，长江以南基本安定，但是孙传芳、张作霖的势力还很大，又有帝国主义支援，未来的战争肯定会更复杂、更艰苦。国民革命军正在准备向长江中下游进军，铁道队未来的任务还很艰巨。1926 年 11 月，康景星也带领部分队员，拉着 5 个车头，随国民革命军开赴陕西，追剿吴佩孚残部了。[①] 现在革命军急需既懂军事又懂铁路技术的人手，前些日子，第四军司令部还找到铁总，要求再组铁道队，随军作战。因此，如果身体尚可，准备让你仍回铁道队工作。

此次分手后不久，罗章龙被调往长沙，参加湖南省委工作。从此，姚佐唐与罗章龙天各一方，再也没有见过面。

躺在医院养伤的姚佐唐一直热切地打听北伐军的胜利消息，以及工人运动的进展情况。其时，在武汉，各级工会组织相继成立，铁路系统工会和各产业基层工会组织纷纷开始公开活动。一位工友告诉他说，北洋军阀统治时期，一些站厂的基层单位的工头和当权者，依靠反动军阀的势力，对工人进行残酷的剥削和压迫，革命胜利后，又企图阻挠工人参加工会，破坏工会的活动，群众对此恨之入骨，称之为"工贼"。在觉悟了的工人群众的强烈要求下，铁路总工会领导工人狠狠地打击了这批工贼。通过公开的群众斗争和各项活动的开展，封建恶势力的

---

① 杜来全、王真胜：《早期工人运动中的共产党员康景星》，共产党员网，2015 年 1 月 9 日。

气焰被打了下去，工人抬起头来昂首阔步。一些一贯骑在工人头上的"土皇帝"不得不向工人低头，有的工头还私下向工人赔礼道歉，有的则自动向工人送悔过书。一贯在中国人面前横行霸道的洋人对中国工人也客气起来，在工厂与工人见面时会不住地点头哈腰。

创建铁道队党支部

1927 年 1 月初，姚佐唐穿上一身洗净的工装，挂着手杖在一位工友的陪同下离开了医院。

在武昌车站，他们找到铁道队大队部。铁道队大队长王润生和部分队员列队在门前欢迎。在队部办公室，个头不高、胖胖的王润生召开了见面会。通过相互介绍，姚佐唐知道，这是一支新组建的铁道队，队员来自各地，多数是新近招聘的战士，在广州参加北伐的老队员多数被提升担任机务、工务和后勤正副小队长。大队长王润生也是京汉铁路工会干部，读过两年私塾，并且参加过京汉铁路大罢工，受到工友们的尊重和拥护。

2 月，传来北伐军白崇禧率东路军、中路军占领杭州，迫使孙传芳退至松江、太湖沿岸的消息。铁道队奉命从武汉出发，运送一批军需和战士前往杭州，并受东路军何应钦指挥。

部队开拔前，武昌车站鞭炮齐鸣，口号震天。武汉国民政府、铁路总工会的代表和有关方面的代表出席会议并讲话。"工人阶级万岁！""国民革命胜利万岁！"的口号声响彻云霄。

铁道队一路南下，经南昌再北上，向上海方向运动。

沿铁路线的铁路工人在铁路总工会领导下早就组织起来。当军阀溃退后，他们立即用敌人的枪支武装起来，成立沿线铁路工人纠察队。在当地工人纠察队和沿线工人密切配合支持下，铁道队沿途清除障碍的工作进展顺利，偶尔也会停车抢修道路桥梁。

战事暂时平静。在火车上，姚佐唐利用空闲组织大家读报、讲故事、排练京戏、拉家常，以多种方式启发大家的觉悟。姚佐唐参加陇海铁路大罢工与铁路当局斗智斗勇,参加支持冯玉祥国民军的战斗,特别是他落入匪窠顺利脱险的经历都令同志们百听不厌。

火车满载着军需和北伐官兵抵达杭州时,北伐军已顺利占领杭州。列车接到命令,继续向上海挺进。

3月下旬的一天,火车在快到上海的一个小站停了下来。这时,传令兵报来指挥部命令:不去上海了,掉头直接前往南京!

姚佐唐乘坐的军事运输车在沪杭线上的一个小车站,装车卸车,逗留了较长时间。通过一个多月的工作和私下了解,姚佐唐逐步搞清了铁道队有十余个队员曾在武汉、郑州、徐州等地秘密加入中国共产党。根据罗章龙和中共武汉中央分局的指示,姚佐唐趁军车装车卸车,特地点了几名队员一道上街张贴宣传标语。在这个小镇的茶馆,4名铁道队的共产党员召开了第一次会议,正式成立铁道队党支部。由于大队长王润生没有加入中共组织,会议没有请他参加。姚佐唐告诉大家,支部暂时直属武汉中央局领导。为防止被国民党右派破坏,散会时姚佐唐强调说:如果有人问,就说我们都是郑州老乡,只是在一起聊天,工作上好有个照应。每个支部委员联系几个党员,开展活动,但是一定要注意保密。

列车转入沪宁线后,姚佐唐不断得到北伐军攻克各地的捷报,心情格外舒畅。但过了无锡,交通又有点不顺了,列车开开停停,还经常遭遇军阀孙传芳部的顽强抵抗。令姚佐唐奇怪的是,这一段铁路被破坏得十分内行,不像是军阀所为。车站的工友们告诉他们,上海工人第三次武装起义前,为防止军阀孙传芳增援上海,沿线铁路被起义工人破坏了好几段,且都一时不易修复。特别是快到南京的龙潭一带,不

打倒孙传芳宣传画

仅铁路线上的轨道被搬了家,铁路线上的涵洞也被炸毁,大量的土石积压在轨道上。

其时,驻守龙潭车站的孙传芳的防守部队凭借修筑的工事顽强抵抗。

于是大家立即分头行动。随车的北伐军负责对付孙传芳的防守部队,铁道队负责尽快打通铁路线,必要时还随军直接参加战斗。为了保证车辆顺利北上,姚佐唐又与王润生分工,由王润生负责带领铁道队战士们投入紧张的抢修,他则亲自来到车站进行动员,组织车站的工友和民工们一起加入抢修。

铁路线修复进展顺利,但是北伐军与孙传芳部队的战斗却遇到困难。南北两军拉锯对峙,一时陷入僵持。

为摧毁敌军的抵抗意志,姚佐唐派几名铁道队员携带炸药,绕到敌军的后面,炸毁道路断了孙军的后路和增援。此举顿时生效,孙军发现后路被断了后,军心大乱,趁着夜色向北逃窜。[1]

3月24日,北伐军占领南京,铁道队随北伐军进驻南京下关车站。

① 中共南京市委党史资料征集编研委员会、南京雨花台烈士陵园管理处编:《南京英烈·姚佐唐》,第128页,南京工学院出版社,1987。

第九章

遭叛变　大革命失败后的坚持

回到南京

南京光复后,全城沉浸在大革命的热潮之中,到处喜气洋洋、张灯结彩,中山路、太平路、中央路等交通要道上还搭起了彩楼。

1927年3月下旬,军列开进南京车站。在市民们的欢呼声中,姚佐唐带领队员们走下火车,入住在下关车站附近的一家旅店。

安顿好铁道队队员们的住宿,姚佐唐带着两位战友来到下关兆庆里(今热河路),回到久别的家。

得知儿子姚彰生在亲友的帮助下已在附近报名上了小学,姚佐唐十分欣慰。他放下手中的包袱,一边招呼战友坐下歇会,一边招呼妻子上街置办些菜肴酒水,他要请战友们一道喝上一杯!

当晚,姚佐唐与战友们开怀畅饮,庆祝胜利,分享南京光复的喜悦。

作为一名工运领袖、老资格的中共党员,姚佐唐一到南京就开始打听工会的建设情况和党组织所在地。不久,他就听车站铁路工会的工友说,南京市总工会正在筹备,很快就要挂牌,省党部在中正街安徽公学办公(今秦淮区白下路 193 号)。得到消息的第二天一早,姚佐唐就来到安徽公学,意外地碰到了京汉铁路大罢工时的战友刘少猷。两个人亲热地握手,相见甚欢。

安徽公学(国民党江苏省党部办公处)

1926 年秋,刘少猷受党中央和全国铁路总工会的派遣,到达战略地位异常重要的南京,参加中共南京地委工作,负责津浦铁路南段的工人运动。翌年初,就任国民党(左派)南京市党部常务委员。国民革命军北伐光复南京后,国民党南京市党部及所属区党部和区分部由秘密转为公开,按照地委的要求,公开领导南京人民革命斗争。

南京光复后,北伐江右军第二、六军积极支持南京人民的革命斗争。当时国民党右派也在南京设立了市党部,江右军政治部进城的当天,立即宣布以中共南京地委委员、国民党南京市党部常务委员刘少猷为首的国民党南京市党部为唯一合法的市党部。市党部与国民党江苏省党部同在安徽公学办公。在尚未建立南京市政府的情况下，市党部起到了临时政权的作用。

听说姚佐唐家就住下关兆庆里，刘少猷也很高兴。

今天我来向你报到，过两天，铁道车队又要奉命北上开赴前线了，不知道党还有什么新的指示？姚佐唐直奔主题。

刘少猷向他介绍，南京光复后，革命形势发展很快，但是国民党右派也在蠢蠢欲动，要提早做些准备。地委书记现在是谢文锦同志。他还说，再过几天江苏省委可能要从上海迁来南京，到时会有一些新的指示。

刘少猷

就在姚佐唐离开南京，随军开赴蚌埠、徐州前线之时，南京的形势急转直下。

还是在 3 月 24 日北伐军攻克南京之时，城内尚有直鲁军残兵 3 万人，一部溃退至下关，不得渡江，遂回窜南京城内，大肆抢劫，波及外国侨民和日、英、美领事馆。在这场兵乱中，死伤外国人 6 人。英美以此为借口，下令停在长江南京江面的军舰于下午 3 时 40 分向南京城开炮轰击，发炮百余响，杂以机关枪之射击。一时"死伤狼藉之迹，悲啼哭泣之声，遍于市井"。这就是英美帝国主义制造的"南京惨案"。

3 月 25 日中午，蒋介石抵达南京。他马上派第六军第十七师师长杨杰到日本驻南京的领事馆，妄图勾结日本，嫁祸于共产党，诬陷共产党制造"南京惨案"，并函告日本领事馆，已采取措施下令解散了南京共产党组织。

其时，蒋介石早就在窥测方向，希望能与帝国主义势力和大资本家联手，镇压蓬勃兴起的工人运动。不过，当时蒋介石还没有太大的政治资本，羽翼未丰，力量不足；为在北伐中借助于工农力量，不得不继续打着拥护孙中山三大政策的旗帜。在北伐军进攻两湖及江西阶段，中

国共产党做了发动群众、巩固部队等大量支援北伐军的工作。作为得益者,蒋介石一面警惕共产党和工农群众力量的发展壮大,一方面又十分警惕国民党内部各派系的斗争,试图牢牢控制国民革命军的实权。

1927年4月2日,蒋介石在南京邀请国民党中央监察委员李宗仁、古应芬、黄绍竑、吴稚晖、李石曾、陈果夫等开会,向国民党中央提出《检举共产分子文》,要求对共产党做"非常紧急处置"。与此同时,甚至将总司令部行营300余人调至南京,入旧督署办公,同时把支持人民革命斗争的国民革命军第二、第六军先后调往江北,将其嫡系部队何应钦的第一军中的两个师调驻南京,准备镇压革命群众。同一天,在蒋介石的授意下,东路军指挥部召开会议,研究反共方案。何应钦在会上极力主张消灭共产党。

痛失导师李大钊

4月9日,蒋介石从上海到达南京,密令安清帮头子、特务陈葆元和国民党右派市党部头子达剑峰,指挥百余流氓、打手闯入国民党江苏省、南京市(左派)党部和总工会,捣毁省、市党部和市总工会,并逮捕了国民党南京市党部宣传部长等20余人。

为反击国民党右派的进攻,10日,中共南京地委组织了约10万群众,召开肃清反革命派大会,声讨国民党右派的罪行。正当群众在蒋介石的总司令部前请愿之际,右派打手突然开枪,当场打死请愿群众数十人,伤者无数。当晚11时,面对反动派的倒行逆施,地委书记谢文锦在南京大纱帽巷10号召集扩大会议,商讨应对措施。但是,没有料到的是,

南京大纱帽巷10号

雨花台烈士传丛书

姚佐唐传

由于事机不密,会场被敌人发觉。凌晨 2 时,警察局侦缉队 50 多名武装特务包围了会场,除刘少猷一人越墙脱险外,侯绍裘、谢文锦、刘重民、文化震、钟天樾、梁永等同志被捕。几天后,侯绍裘等人被蒋介石秘密杀害,尸体被割成数段装入麻袋,用汽车运至通济门外九龙桥,抛进了秦淮河中。河水殷红,惨不忍睹。这就是震动全国的南京四一〇反革命政变。

1927 年 4 月汉口《民国日报》关于四一〇事件的报道

白色恐怖笼罩南京。南京地区的党组织遭到国民党的大肆破坏。隶属南京地委管辖的铁道队党团组织由于姚佐唐领导有方,组织严密,没有暴露,成为大革命失败后南京地区较完整保存下来的唯一的党组织。

此时,姚佐唐随铁道队驻守在徐州。正当姚佐唐为南京地方党组织遭受严重破坏而悲愤不已时,又传来李大钊被奉系军阀逮捕的消息。

1926 年三一八惨案爆发后,张作霖控制的北洋政府发出了对共产党人的通缉。在白色恐怖下,李大钊率中共北方区委秘密进入苏联大使馆(前身为俄国公使馆)西侧的俄国兵营旧址,继续领导反帝反军阀的斗争。1927 年 4 月初,区委机关被破获,6 日早晨,奉系军阀张作霖下令逮捕了李大钊及其家人等在内的数十人。在狱中,李大钊备受酷刑,但始终严守党的秘密,大义凛然,坚贞不屈。

李大钊

获悉李大钊被捕后，姚佐唐立即召集铁道队党支部的几位骨干成员商量，准备联络北方铁路工人武装劫狱，营救李大钊。劫狱消息传到狱中，李大钊表示坚决反对，不愿意姚佐唐和同志们为他个人做无益的牺牲。在狱中，他辗转托有关同志捎出一封信来，信中说："根据现时敌我力量对比看，劫狱只会使党组织遭受更惨重的损失，于实际无益。"

姚佐唐和他的战友们只好尊重他的意愿，一心盼望通过组织上的其他关系成功营救李大钊。但是丧心病狂的北洋军阀政府不顾社会舆论的强烈反对和谴责，于 4 月 28 日迫不及待地将李大钊等 20 位革命者绞杀在西交民巷京师看守所内……

虽然已亲身经历了那么多苦难，目睹过那么多战友的牺牲，但这次李大钊先生的遇害给姚佐唐的打击实在太大了。听到确切消息后，他泣不成声，把自己禁闭在宿营车上，茶饭不思。在之后很长一段时间里，他都为自己无力营救尊敬的导师、亲爱的同志而痛苦自责。

当着铁道队战友们的面，他发誓一定要将李大钊先生的遗志继承下去，为牺牲的同志们报仇雪恨！

扩编铁道队掩护同志

1927 年 4 月中旬，为恢复南京地区的党组织，中共江浙区委代理书记陈延年委派刘少猷秘密回到南京。

4 月下旬的一天，在下关的街头茶馆，姚佐唐与刘少猷再次见面。

距上次见面仅一个月，形势已发生了巨变。谈及当前许多党员在失业状态下又遭到追捕时，姚佐唐主动向刘少猷提出，铁道队自北伐来南京后减员不少，自己可以请示上峰扩充铁道队编制，借以掩护和营救被追捕的同志。此计得到刘少猷极力赞成,并建议尽快争取,他将通知有关同志做好准备。

姚佐唐要招聘新队员的建议得到大队长王润生的极力赞成。因他知道,总司令部已发话下来,不久将对北伐军的将士论功行赏,进行授衔,而兵马太少级别就不可能太高。他高兴地对姚说:这事马上就办,我去长官部报告,你赶快起草招募新队员的告示!

招募队员的告示在铁道队下关驻地门前贴出后,很快就有一大批铁路职工前来报名。为保证地下党员都能入队,姚佐唐亲自主持面试,明确要求身体结实,有一定的机车修理技术。

据《南京人民革命斗争史》记载:1927 年 4 月中旬,"中共江浙区委派刘少猷为中共南京地委书记。在险恶的环境下,他积极恢复组织,开展反蒋斗争。为了保存革命力量,地委派中共南京地委买雨田率数十名地下党员和工人参加了国民革命军总司令部直属铁道队"①。

买雨田很小就在津浦铁路浦镇机厂当学徒。1910 年,浦镇工厂工人举行第一次罢工时,他是骨干之一。1923 年 2 月,为声援京汉铁路工人的斗争,他和王荷波一道发动机厂党团员联合两浦地区铁路工人举行了罢工,并在罢工中担任纠察队大队长。9 月,加入中国共产党。王荷波离开浦镇机厂后,买雨田任浦镇党小组和机厂工会的负责人。1925 年 10 月,中共浦口地方委员会成立,他当选为地委候补委员。1927 年 3 月,为配合北伐军光复南京,他率领机厂党员乘夜把标语贴到浦口宪兵队部门口,拆毁了沪宁铁路龙潭车站附近的铁轨,割断了铁路通讯线路,阻止军阀的北逃和军事运输。4 月 9 日,他率领浦镇机厂工人渡过长江,冒雨参加在公共体育场举行的全市革命群众声讨国民党右派大会,并组织工人到蒋介石总司令部请愿。第二天,他又组织浦厂工人再次到司令部请愿,率领工人与手持凶器的青帮打手和流氓恶棍做斗争。②

---

① 中共南京市委党史工作办公室编:《南京人民革命斗争史》,第 95 页,南京出版社,2005。
② 中共南京市委党史资料征集编研委员会办公室、南京雨花台烈士陵园管理处:《南京英烈·买雨田》,第 80 页,南京工学院出版社,1987。

4月下旬的一天上午,买雨田率数十名工人来到下关车站门前广场一侧的招聘处,姚佐唐与买雨田第一次见了面。

由于刘少猷的介绍,姚佐唐事先就知道了买雨田的身份,两个人又都是铁路系统出身,见面后十分亲切。在铁道队部办公室,买雨田悄悄告诉姚佐唐,这次来报名参加铁道队的工人多数是工人运动中的积极分子和中共党员。

经过扩编,铁道队由不足百人一下增加300多人,拥有装甲车3列。经国民党军事委员会核准,设4个分队,分队辖有排和若干小队。

买雨田被分配到蚌埠专列,任一分队三排排长。

1927年6月,中共中央撤销江浙区委,分别成立了江苏省委和浙江省委,陈延年任中共江苏省委书记。不久,陈延年派黄国材到南京恢复党组织,重建了中共南京地方委员会,黄国材任书记。

时年22岁的黄国材是一名年轻的老战士,他原名黄承镜,又名黄逸峰。1924年8月,在上海中国公学大学部读书时,他加入了中国共产主义青年团,同年10月转为共产党员。1926年8月,黄国材考入暨南商科大学就读,同时任校共青团支部书记和上海学生联合会主席等职务,成为上海大学生的带头人。1927年,上海工人第三次武装起义胜利后,被选为上海市闸北区市民代表会议主席。四一二反革命政变的当天,黄国材从国民党二十六军二师司令部救出了被蒋介石密令扣留的周恩来,得到了党中央的嘉许,时任中共中央总书记的陈独秀为此专门接见并赞扬了他。

黄国材到南京不久就与时任共青团江苏省委巡视员的贺瑞麟一起,专程前往徐州与姚佐唐接上了头。

姚佐唐向黄国材汇报了铁道队情况,他告诉黄国材,目前铁道队工作基本稳定,扩编后建有4个党支部,共有党员70多名,团员数十人,分驻在南京、蚌埠、徐州等地,人员分散,驻地经常移动。在姚佐唐和贺瑞麟的陪同下,黄国材亲自参加了驻徐州的铁道队党员大会,动员大家在白色恐怖中不要退缩和消沉。①

---

① 梁成琛、王庆猛:《贺瑞麟传》,第79页,江苏人民出版社,2016。

其时，根据中共江苏省委的要求，南京地委制定了举行武装起义的计划，准备利用铁道队的武装力量，动员工人、破坏铁路、夺取兵工厂、炸毁火药库等，以配合武汉东征军东征。贺瑞麟又陪同黄国材到铁道队队部临时驻地徐州，与姚佐唐商量在南京举行武装起义的计划。最后议定，在武汉革命军举事后，南京工人行动后，铁道队集中力量全力配合。[1]

不料，正当姚佐唐积极准备武装起义之时，又发生"宁汉合流"，形势骤变。结果，不仅武装暴动计划未及实施，南京地委新机关又一次遭到了严重破坏。

应对蚌埠事件

面对严峻形势，姚佐唐适时召开铁道队党支部负责同志会议，以加强革命精神和气节教育。他鼓励同志们说：斗争总有曲折反复，要坚定革命信念，要有铁路工人的骨气，要相信挫折只是暂时的，胜利最终是属于无产阶级的。同时，为防止国民党特务的破坏，要更加注意坚持地下斗争的原则：一般不开大会，坚持单线联系，分头分片联系，注意隐蔽自己，如果暴露，只说自己，不说他人。

为了筑牢铁道队党支部堡垒，姚佐唐利用自己的威望和资历，选拔了一批对党忠诚的同志出任铁道队的干部。同年 7 月，买雨田被提升为铁道队一分队队长。

然而不久，铁道队的大队长王润生也叛变革命了。

起因是一位铁道队队员向王润生告密说，自己亲眼看到买雨田在"清党"前曾带领浦镇机厂工人参加过在国民军司令部的示威。经秘密调查，王润生发现买雨田在入队前曾为浦镇机厂工会的负责人，可能是中共党员。眼见国民党已经得势，王润生遂想借"清党"之机邀功请赏，趁势也打击一下姚佐唐在铁道队的影响，强化自己的威信。于是，他瞒着姚佐

---

① 梁成琛、王庆猛：《贺瑞麟传》，第 81 页，江苏人民出版社，2016。

唐带着津浦铁路特务处处长杨虎偷偷前往蚌埠,布置了这次行动。

8月17日,买雨田和一分队队员们驻扎的宿营车停靠在蚌埠车站东机房。凌晨3时许,买雨田和队员们已经就寝,突然听到车厢门下响起奇怪的脚步声。原来,在王润生的指挥下,国民党特务和五大队长带着数十名战士悄悄包围了买雨田住宿的营车。当他们正准备上车一个个抓人时,警觉的买雨田发现情况有变,机警地起身投入战斗。

"是夜,突然响起了枪声,子弹对准车厢射来。买雨田一边组织大家开始反击,一边走到车厢门口,想了解一下外面的情况。突然子弹击中他,他倒了下来,又很快站立起来,似乎想说什么,但是没有发出来,就又倒在地板上了。35岁的买雨田被反动派杀害了。"[1]

一分队铁道队员只有少数同志趁着夜色冲出包围。原一分队队员梁长海亲历了这次绞杀,逃生后他离开了铁道队,后在南京晨光厂工作。事后他回忆说,事情发生之前就曾听说"姚大队副佐唐来告诉,……五大队长小子不是东西,为蒋介石重用"。一分队"由徐州退到蚌埠的两列车……大队部有一营人,夜三时来袭,枪声四起,往车厢射击。当时,党支书买雨田(浦镇工会会长,回族)被国民党杀害。我饿了几天,幸好遇见张振华(党团负责人)才被救回宁"[2]。

蚌埠事件发生后,姚佐唐迅速查知王润生掌握的情报十分有限,铁道队的党组织尚未暴露。

在铁道队办公室,姚佐唐气愤地指着王润生的鼻子骂道:"打狗还要看主人,你这个王八羔子,一声不响就把一个分队解决了! 为什么不把他们抓来,审问清楚再说! 为什么不能请到南京来! ……"说着,掏出手枪就要结果王润生。

王润生自知理亏,一股脑把责任都往津浦铁路南段特务处处长杨虎和五分队队长身上推。后来,特务处也派员前来解释。在众人的调解下,此事暂告一段落,以后不了了之。但从此,姚佐唐对王润生更加

---

① 中共南京市委党史资料征集编研委员会办公室、南京市雨花台烈士陵园管理处编:《南京英烈·买雨田》,第30页,南京工学院出版社,1987。

② 梁长海:《姚佐唐被捕情况和牺牲经过》,1962年10月19日,存南京市档案馆。

警惕，与他仅保持工作上的必要联系。

蚌埠事件发生后没有几天，龙潭战役打响了。

1927年8月，退守江北的军阀孙传芳，趁宁汉尚未形成力量之机，集中了11个师又5个旅的兵力倾巢而出，志在必得。战役于8月25日打响，孙传芳的主力大军大举渡江，主渡点在南京附近的龙潭，孙传芳也亲自过江坐镇指挥。

从南京至镇江的江面上渡江，孙军先后攻占栖霞山、龙潭等地，北伐军一度失利。为鼓舞士气，孙传芳不断提高赏金。

当时的南京国民政府处境艰困。蒋介石所率的北伐军在徐州遭遇了惨败，南京长江以北地区尽被孙传芳、张宗昌占有，蒋介石被迫宣布下野……悍勇的孙军现又逼近南京城近郊。城中人心惶惶，很多人准备逃难。

8月30日拂晓，北伐军和孙军在龙潭爆发激战，李宗仁、白崇禧、何应钦等人指挥部队拼命抵抗，克复龙潭。31日凌晨，孙军再次反扑，李宗仁、白崇禧、何应钦均抵达龙潭镇前沿阵地指挥，顽强阻击孙军。

铁道队奉命开着装甲车参加战斗，沿着沪宁铁路冲进被孙军包围的龙潭车站，配合李宗仁、何应钦部作战。在三面被围的情况下，姚佐唐和铁道队员以装甲车作掩护，集中火力打击孙军在车站周围构筑的堡垒，为龙潭战役的最后胜利做出了贡献。

龙潭战役是孙传芳与北伐军之间进行的一场著名战役，也是北伐战争中最激烈、最具决定性的一场战役，6万余孙军，战死和淹死4万余，被俘2万余，孙传芳的主力几乎消耗殆尽。消灭孙传芳之后，北伐军在东南一带再无真正对手。

龙潭战役胜利后，铁道队被国民革命军总司令部评为有功部队，受到通报嘉奖。在国民党政府评授军衔时，姚佐唐被授予少校大队副。

姚佐唐的邻居李连生回忆说："当时我十多岁，我知道姚佐唐是铁道大队大队副，队伍约有一二百号人，姚佐唐领章上有二条杠子一颗花，相当于营级。"①

---

① 李连生口述：《谈姚佐唐情况》，1987年8月30日，于下关姜家园50—4号，存雨花台纪念馆。

第十章

砺组织　涌动地下烈火

回桐城省亲

秋分时节,姚佐唐收到一封桐城老家的来信,信中说他的哥哥病重,请他抽空回桐城看望一下。这时他刚刚处理完买雨田被害的事情,疏散了可能暴露的党员,也感到身心疲倦,遂与妻子商量,自己带着孩子回家乡看看。

桐城老家,他已数年没有回去。在上海去武昌的大轮上,姚佐唐听老乡讲,由于连降大雨,家乡受灾严重,很多人家种的小麦、早稻都颗粒无收。再加上连年军阀混战,赋税多如牛毛,老百姓真的没法活了。老乡讲的这些情况,姚佐唐从家乡的来信就已知道,只是没想到这样严重。

姚佐唐年少时,父母就已去世,他一直与大哥大嫂生活。在困难的日子里,大哥大嫂不仅设法供养他上学,还帮他成了家。应了当地的老话,长兄如父,长嫂比母。对兄嫂的帮助,姚佐唐一直铭记在心,常思回报。大哥有 4 个孩子,主要靠农田收入生活。故姚佐唐工作后经常将攒下的钱物接济他们。

两个哥哥家仍然住在桐城东门破旧的老屋。进门后,姚佐唐一眼就看到大哥佐亮依偎在木床上,脸色蜡黄,皮包骨头,弱不禁风的样子,不免一阵心酸。他忙拉过儿子彰生向大伯、二伯磕头、问候。

这是姚佐唐自苏联回国后第一次回桐城省亲,也是他最后一次回桐城省亲。

在家乡的十来天,他拜访了多年没有走动的亲戚,看望了儿时的朋友,也了解了当地民众的疾苦。他还将目睹的苏联十月革命后民众生活的变化进行了宣传,告诉大家,劳苦大众只有跟着共产党闹革命,才能过上幸福日子。

近 60 年后,表妹姚淑华回忆起姚佐唐这次回乡的情景时,还清楚记得:"在宋家唐庄,我见到姚佐唐,他中等身材,说话和蔼可亲,我们当时才十七八岁,他曾教育我们,不要梳油头,包小脚,要到外面走走……"

为增加儿子对家乡的感情,姚佐唐和儿时的好友带着儿子一起游览了桐城文庙和著名的"六尺巷",他们还一道游览了桐城姚氏的发祥地麻溪河和名胜披雪瀑。在流淌着涓涓溪水的岱鳌山前,他告诉彰生,参天大树必有其根,怀山之水,必有其源,这里就是你的根。

离开桐城时,为了帮助解决乡亲的生活困难,他张罗了五六位亲戚朋友与他一道去南京打工,谋条出路。

姚佐唐的姨妹宋瑞兰后来在接受采访时说:"姚佐唐和我六姐结婚后,感情非常好。虽然六姐不识字,大个子,是个小脚,人也不十分漂亮,但姚佐唐非常敬重她,爱护她。……不但夫妻和睦,而且对抚养他成长的大哥也十分敬重,在南京做工的时候经常寄钱给他大哥。姚佐

桐城文庙

唐牺牲后,他大哥接到六姐从南京发来的电报,当即在家为佐唐设灵堂。人们都称赞他兄弟是'兄友弟恭'"。①

准备南京武装暴动

当飘香的桂花开始凋零,姚佐唐从桐城回到南京。

此时,尽管中国共产党领导发动了一系列武装起义,如南昌起义、秋收起义等,但革命形势依然处于低潮。然而,1927年11月召开的中共中央临时政治局扩大会议没有认清形势,确定了以城市为中心的全国武装暴动计划,遂使"左"倾盲动错误在全党取得支配地位。

1927年9月,中共江苏省委派罗世藩来南京恢复党团的组织,不久,再派省委巡视员吴雨铭和团省委巡视员贺瑞麟(何瑞林)来南京。

在下关大马路街头的一处小餐馆,吴雨铭与姚佐唐见了面。

---

① 宋瑞兰口述:《我所知道的姚佐唐》,1983年2月6日,于桐城地方病防治办公室,存南京市档案馆。

姚佐唐向吴雨铭汇报了蚌埠事件的经过和目前铁道队党组织的基本情况。

吴雨铭告诉姚佐唐,省委计划在10月底或11月初发动一场秋收暴动,要求南京数日内响应,如不能即刻暴动,也要破坏铁路,断绝交通,以示声援。

姚佐唐表示,尽管蚌埠事件发生后,铁道队力量有些削弱,但基本力量还在,铁道队一定积极准备,认真贯彻省委关于秋收暴动的计划。

分手时,吴雨铭叮嘱说,铁道队是我们掌握的一支重要武装,蚌埠事件后损失不小,要尽力维护好,非必要不要轻举妄动。目前铁道队在国民政府军委会已有影响,在何应钦那里也挂了号,党团组织工作不要急着与地方联系。铁道队要成为党的秘密据点。你的行动不太方便,铁道队又经常奉命移动,南京市委的工作可视具体情况参加。

10月下旬,国民党新军阀李宗仁与唐生智之间的宁汉战争爆发。11月1日,中央临时政治局常委会在上海通过了《中央通告第十五号——关于全国军阀混战局面和党的暴动政策》。该《通告》认为,在军阀混战的局面下,广东、湖北、湖南、江西、江苏、浙江、山东及北方的工人和农民群众"仍然急遽的革命化","客观上有一触即发,起来推翻一切豪绅军阀政权的趋势"。该《通告》提出,党现时的政策就是发动工农武装暴动,推翻一切军阀统治,建立工农兵士贫民代表会议(苏维埃)的政权。该《通告》认为,只有各地努力发动群众,方能汇合而为全国总暴动的局面。①

根据中共中央临时政治局的布置,10月上旬,中共江苏省委在上海召开"江南秋收暴动行动委员会"会议。会议讨论了在宜兴、无锡、常州、江阴、常熟等地短期间内发动农民起义的可能性,决定在江南宜兴首先发动武装暴动。

1927年11月1日,宜兴暴动行动委员会成员万益、段炎华、宗益

---

① 中共中央党史研究室著:《中国共产党历史 第一卷(1921—1949)上册》,第316页,中共党史出版社,2002。

寿、匡梦苏、史砚芬等人领导了宜兴起义,并建立了革命的农民县政府(宜兴工农委员会)。震撼大江南北的宜兴农民暴动打响江南农民暴动第一枪。国民党南京政府急忙于11月2日调遣军警赶往宜兴进行镇压。在敌我力量严重悬殊的情况下,3日,暴动指挥部决定主动率部撤离县城,起义失败。

紧接着,在省委的部署下,无锡、江阴、丹阳、淮安、泰兴、如皋等地也相继发动了声势浩大的农民起义。

在徐州,姚佐唐看到报刊上刊载的江苏农民暴动消息,兴奋不已,他立即召集铁道队支部在徐州的部分党员开会。他高兴地对大家说:我准备立即回南京,一场战斗就要开始了,我们要提早做好准备!

11月上旬的一天,中共南京市委紧急会议在吴雨铭临时居住的一家旅店召开。参加会议的有与吴雨铭一道来南京恢复党的工作的罗世藩及贺瑞麟、王愚、杨植夫等同志。

吴雨铭先向大家介绍了姚佐唐,接着传达了中共中央在上海召开的临时政治局扩大会议精神。吴雨铭强调说:根据中央和省委的要求,今后一段时间,我们要以城市暴动为"中心及指导者",以形成城乡的武装总暴动,直到造成一省或几省的革命胜利的局面。

姚佐唐表态说:虽然在蚌埠事件以后,铁道队党支部力量削弱,但是留下来的20多位同志都是党的中坚分子,对国民党反动派的倒行逆施充满仇恨,早就想找机会为牺牲的同志报仇雪恨了!

血气方刚、与会者中年纪最小的贺瑞麟说:学校的工作,包括江苏大学、金陵教会大学,以及东南大学附中等学校,已经成立了党团支部,我可以去再次发动,动员几百名学生参加暴动应该不成问题!

贺瑞麟,时年18岁,江苏铜山(今属沛县)人,1909年出生于一个自耕农家庭。1921年在沛县高小毕业后来南京。1925年,在南京东南大学附中读书,积极追求进

贺瑞麟

雨花台烈士传丛书

姚佐唐传

步,先后加入中国共产主义青年团和中国共产党,后因率东大附中学生参加示威游行被捕,出狱后开始专职从事革命活动。1926年7月,任共青团南京地委农运委员兼城北支部宣传委员,四一〇反革命政变后,任共青团江苏省委巡视员,1927年11月兼任共青团南京市委书记。

为响应全省暴动计划,会议形成了关于在南京举行武装暴动的决议。

南京城墙鸟瞰(1927)

会后,姚佐唐立即着手做相关准备。一接到省委派专人送到南京的暴动命令,他就立刻在下关车站对面的一幢小楼里召集了铁道队的党员骨干开会,向他们传达了省委的暴动指示,要求大家迅速行动起来,布置党团员前往浦口轮渡所、东葛、花旗营、滁县等地,准备破坏津浦路及京(宁)沪路交通,全力以赴投入暴动斗争。

一切都在紧张秘密地进行着。

不料,此时传来消息,南京周边的农民起义后,反动当局大为震惊,从而更加注意城市的戒备。国民党政府专门成立侦缉队,下关的一处暴动据点被敌人侦破,侦缉队从查出的大量传单中发现了暴动计划。他们如获似宝,紧急将暴动计划逐级向上报告。国民党南京市政府立即宣布全市紧急戒严令,进一步进行排查,并断绝下关与城内的交通。大批国民党军队和警察布置在要道口,致使南京暴动计划落空。[1]

---

[1] 中共南京市委党史办公室编:《南京人民革命史》,第96页,南京出版社,2005。

发展地方工人运动

　　1927年11月中旬，孙津川从武汉调到了南京。

　　孙津川，1895年生，又名方淦，曾用名孙竞川、孙继生，安徽寿县人。他11岁时进南京金陵制造局当童工，满师后，在上海兴发机器厂、大中华纱厂做工。1923年春，他入上海铁路吴淞机厂当钳工。1925年8月，他加入中国共产党，并当选为沪宁铁路工人协进会委员。不久，中共上海铁路特别支部成立，孙津川被选为特支书记。1926年10月，孙津川按照党的要求，带领吴淞机器厂和上海铁路工人武装切断沪宁铁路，破坏北洋军阀的后勤军需补给线，为上海工人第一次武装起义创造条件，配合了北伐军作战。1927年3月，孙津川领导沪宁、沪杭甬两路铁路工人举行大罢工，揭开了上海工人第三次武装起义的序幕。3月28日，被选为沪宁、沪杭甬两铁路总工会委员长。四一二反革命政变后，他往返奔走于武汉、九江、上海等地，代表全国铁路总工会接待和安置苏、浙、皖、赣等省的流亡同志，秘密整顿和恢复各地铁路工会和党组织。1927年11月，被江苏省委派往南京，任中共南京市委工委委员，后任书记。

孙津川

　　到南京不久，孙津川就慕名来到姚佐唐家。由于他们有相似的家庭背景，又都是铁路系统的工人，有共同的斗争信念和革命追求，两人很快建立了深厚的革命友情。

　　由于当时姚佐唐的社会地位和身份较高，几乎不会引起军警特务的特别注意，姚宅便成了中共南京市委的一个重要地下联络点和开会场所。孙津川、姚佐唐经常与其他市委领导人在这里碰头，以喝茶、打麻将为掩护，商讨工作，制订计划，组织开展工人运动。

　　当时,孙津川住在北祖师庵 49 号,离姚佐唐家相距约二三公里。北祖师庵 49 号在江南水师学堂原址南侧至仪凤门中间,与明城墙紧邻,南接盐仓桥西街、背靠驴子巷、黄土山,东行不远是横穿南京旧城区的京市小铁道,北行几十米穿过马路即是著名的静海寺和天妃宫。这是一处临街的简易平房,进门有一个院子,中间有一扇门,左侧有一间凸出院内的厢房。孙津川居住在西南角上的一间房屋,房屋面积很小,仅一二十平方米,"屋内除了一张床,一张小桌子,两张破椅子外,别无它物"。

孙津川居住活动处(北祖师庵 49 号)

　　11 月底的一天下午,在孙津川居所,南京市委召开了第十一次常务会议。会议由吴雨铭主持,会议主题为贯彻江苏省委整顿党的组织的决议,研究如何"在各级指导机关中都必须尽量充实工农分子","自下而上全面改造党的组织",组织新的暴动。

　　恰巧这时,姚佐唐因旧伤复发,告假回到南京,以全国铁路总工会执行委员、共产国际青年委员身份也出席了会议。

在不大的堂屋的桌上,摆放着一副竹片麻将牌,孙津川的夫人杨晨华挺着大肚子带着孩子毛毛坐在门口,密切关注着四周动静。

参加会议的还有罗世藩、王愚、贺瑞麟等同志。吴雨铭首先向大家传达了中共中央关于《中国现状与党的任务决议案》和省委关于整顿党的组织决议案。

孙津川接过话题说:我们要乘军阀混战之机发动各地起义,如果成功,就能像俄国十月革命那样,一举推翻国民党政权,建立全国苏维埃政权。

姚佐唐也报告了铁道队近段时间的工作和有关情况,他说:蚌埠事件后,铁道队的不少党员已转移到地方,这些同志大多能力较强,可以适当给他们加些担子,发挥他们的作用。他们是浦镇大厂的杨明清,兵工厂的梁文志、何正泉、梁长海,还有下关铁路的于松涛等。其中,何正泉在南京光复时就在南京总工会工作,是我们铁道队发展的新党员,小伙子很能干的。

孙津川听到后说:很好,我们会很快找到他!

经过充分讨论,会议决定之后一段时间,市委重点开展组织整顿工作,争取早一天召开全市党员大会。

市委常务工作会议后,全市各个支部按照市委的布置,迅速开展了党员登记工作。为帮助基层支部准确领会市委精神,姚佐唐还抽出时间陪同孙津川等同志前往浦镇机厂和下关车站,与所在地党支部共同商量工作。

一天下午,根据姚佐唐的介绍,孙津川找到何正泉家。孙津川对何正泉说:"姚佐唐同志已向我介绍了你在大革命前在市总工会和铁道队工作的情况,称赞你很能干,很有斗争精神,还在铁道队加入了 C.P. 组织。"

何正泉也向孙津川大致讲了四一〇反革命政变后,承蒙姚佐唐关照,自己转移到铁道队,后来蚌埠事件发生,自己伺机逃回南京,又进了兵工厂的过程。

孙津川告诉何正泉,姚佐唐本来想一道来的,突然他腿伤又发作

雨花台烈士传丛书
姚佐唐传

了,在家静养了。他接着问何正泉:"为了开展工作,市委打算将南京划分为东、南、西、北、中5个区,由城南区兼管兵工厂的工作。建议由你担任城南区的临时党支部书记,抓紧进行党员登记,不知道你有困难没有?"

何正泉愉快地接受了孙津川的意见,说:"感谢组织上的信任,我一定按照市委的要求开展工作。"

对于这段难忘历程,何正泉一直铭记在心。1983年,南京市委党史办公室的同志在采访他时,他说:"1927年,我出狱后,已经是八月了。我回家后,厂里许多工友来看我,对此表示同情。过了几天,我去保泰街看了康静仁、乔静清等同志。被捕后,工厂就把我开除了,释放回来没有工作。隔了几天,于松涛(地下党员)来找我,要我参加北伐军铁道队。……大队副姚佐唐是共产党员,在陇海铁路当过工人,作战十分英勇,北伐中立了许多战功,左腿在战斗中被枪弹打跛了。铁道队下面的队长、队员大多是党员、团员。我被分配在三分队,队长姓刘。……在铁道队待了一个月,市委调我回城南区工作,罗世藩、车道明等常来和我联系。"关于入党时的情况,他说:"在下关车站对面的一个小楼上较大房间里,有十几个人参加,我知道名字的有于松涛。于松涛是我之前入党的。在那个旅店的楼上,姚佐唐把我的情况介绍给大家,介绍后大家同意,然后我就入党了。和我入党的还有两个同志,名字不记得了。"①

12月4日,天刚擦黑,分布在全市各系统的地下党员在交通员的引导下陆续赶到离浦口南门镇不远的鸽子山下(今属浦口区顶山街道)的一处山洼里。经中共南京市委常务会议商定,南京市第一次党的代表大会在这里召开。②

123

---

① 何正泉:《党在我们工人中间——早期南京工人斗争琐忆》,《南京党史资料》第5期,1983年9月。

② 中共南京市委党史工作办公室、南京中共党史学会编:《南京革命事典》,第66页,南京出版社,2004。

中共南京市第一次代表大会遗址

　　会上，大家讨论了中共中央临时政治局关于《中国现状与共产党任务决议案》，并根据中共江苏省委关于组织全省暴动计划的紧急决议案，确定把武装暴动作为目前工作的重点。会议选举出吴雨铭等17名市委委员。

　　据吴雨铭回忆，因身体原因，姚佐唐未能参加这个很有历史意义的大会，也没有被安排进入南京市委。但是，他没有任何怨言，依然义无反顾地做好自己的工作。

　　中共南京市第一次代表大会结束后不久，孙津川任南京市委书记。[①] 姚佐唐仍以全国铁总执行委员会委员、共产国际青年委员的身份参与市委的工作。根据省委关于"艰难困苦的集聚无产阶级的力量"，"发展工农日常斗争"的策略，南京市委领导广大党员和群众骨干，紧紧抓住与人民群众紧密相关的生产生活问题，开展经济斗争，受到极大摧残的南京工农群众运动开始复苏。[②]

　　① 陆庆良：《野火烧不尽 春风吹又生——1927年秋南京党组织的恢复和市委的建立》，载于《南京党史资料》第4期，1983年9月。

　　②《江苏省委华字通告第一号》（1928年2月24日），《江苏革命历史文件汇集》甲2，第166页。

小心桥下慰忠魂

1928年1月,都快到年三十了,南京街头丝毫看不出一点节日的气氛,只有一些小商小贩有气无力地沿街叫卖着冰糖球、五香干。

这一天,姚佐唐刚从徐州回来,就顶着刺骨的寒风,带着一位队员着便装乘黄包车来到城东通济门。昨晚,姚佐唐得到确切的消息说,他的老上级、著名工运领导人、八七会议后担任中共中央北方局书记的王荷波在北京被军阀张作霖杀害了。

姚佐唐对王荷波一直非常敬仰,这不仅因为他们都出身于铁路系统,共同战斗在铁路线上,还因为1924年在莫斯科参加共产国际和赤色职工国际大会时,两个人朝夕相处,结下了深厚的友谊。以后,在1927年武汉召开的中共第五次全国代表大会上,王荷波当选为中央监察委员会主席,后又出席了中共中央在汉口召开的紧急会议,并当选为临时中央政治局委员。此间,由于各自忙工作,两人很少碰面。1927年10月18日,因叛徒出卖,王荷波在北京遭军阀张作霖逮捕。狱中,他受尽酷刑,但始终表现得英勇顽强、坚贞不屈。11月11日深夜,王荷波被杀害于北京安定门外。

得到王荷波遇难的消息后,姚佐唐悲愤交加,难过至极。经多方打听,他了解到,为躲避军阀当局的追捕,王荷波的家人1923年就从浦镇南门搬迁到了南京城,开始住在定淮门一带,后又随王荷波去了上海。现在王荷波被杀害了,他夫人高一德就住在武定门东的娘家,家中还有尚未成年的二女一儿。

在古城墙下的武定门东小心桥旁,他们找到了王荷波妻儿居住的茅屋。茅屋建于明城墙脚下,屋后就是横穿南京老城区的秦淮河。茅屋前后只有两间,周围高低错落挤满了小平房,多数是草房。

姚佐唐进门就跪倒在王荷波灵位前。王荷波妻子高一德一面烧着纸钱,一面哭泣着对姚佐唐表示感谢。姚佐唐哽咽着宽慰她:大嫂,

王荷波

不要太难过了，大哥是为革命而牺牲的，是为普天下受苦受难的工友们牺牲的，他死得值。都是一家人，有困难尽管提，我们一定办到。

行前，姚佐唐留下了众工友募捐而来的几十枚银元，谆谆教导王荷波的孩子王球珍和王球珠要坚强，长大成人后，一定继承父亲的遗愿。

之后，为促进工人运动的健康发展，防止敌人的破坏，在浦镇机厂、和记洋行、城南党支部重建后，姚佐唐多次与孙津川一道前往各支部，告诫各位负责同志在工作中要注意团结教育工人群众，利用秘密成立的赤色工会，揭露黄色工会破坏工人团结、出卖工人利益、充当资产阶级御用工具的卑鄙行为，领导广大工人努力开展以经济斗争为主的斗争，不断壮大革命力量。

第十一章

掀高潮　迎接红五月的斗争

兆庆里的紧急会议

　　5月,是多彩的季节,花儿在暖阳下绽放出五彩缤纷;5月,同样是革命者值得纪念的日子。5月1日是国际劳动节,5月4日又是五四运动的纪念日。

　　正当1928年的红五月纪念活动刚刚拉开序幕之时,一起令国人愤怒的"济南惨案"发生了。

　　1928年1月,蒋介石重新上台。2月,国民党二届四中全会召开,改组了国民党中央机构和国民政府机构,谭延闿任国民政府主席,蒋介石任国民革命军总司令。为夺取奉系军阀张作霖的地盘,国民党军队继续进行"北伐"。4月,国民党军队在南京誓师,兵分三路。一路北上，不到一个月就先后攻占了台儿庄、临沂，直逼济南。支持张作霖的日本帝国主义害怕英、美势力向北方发展，就借口保护侨民把军队开进了济南，阻挠蒋介石的军队北上。为了抢先控制济南，日军驻天津3个步兵中队于4月20日侵入济南，借口蒋介石的军队对城内的日本侨民进行了抢劫、强奸，屠杀中国军人与民众6000余人。其中，国民党战地政务委员会派遣济南的外交处处长兼国民政府外交部特派山东交涉员蔡公时及署内职员17人被虐杀。"济南惨案"发生后，日方否认日军屠杀中国军民，反而要南京国民政府道歉、赔偿、惩凶。

消息传来，南京民众群情激愤。

市委紧急会议在兆庆里的姚宅召开，研究布置示威游行工作。在姚宅的大方桌前，孙津川、史砚芬、苏爱吾、王崇典等围着摊开的麻将坐下来。

孙津川开门见山地说：想必大家都已知道了济南的情况，省委要求我们立即行动起来，结合红五月的开展，动员民众声讨"济南惨案"，乘国民党军队在南京驻军大部北调、防务空虚之机，组织一次声势浩大的群众运动，推动南京暴动成功。

姚佐唐在会上说：前些日子，中央和省委发出通知，要借红五月运动的开展，努力宣传工农革命，揭穿国民党反动派、新军阀的罪行，反对帝国主义瓜分中国，反对帝国主义与国民党进攻中国革命，要以革命的暴动粉碎国民党的统治，争取革命的胜利！我们要结合声讨"济南惨案"，高扬五四鲜红的旗帜，动员民众起来反对日本帝国主义！

王崇典是第一次参加这样的会议，他激动地发言："惨案发生后，江苏大学师生早被鼓动起来，准备明天就开始上街游行，我们想再进一步发动一下，争取更多的学校参与。"王崇典时任中央大学支部书记、市委委员。

会上，孙津川还拜托姚佐唐说："请你辛苦一下，与砚芬同志共同到小营一趟，做些努力，看看能否多发动些年轻人参加。另外，看看铁道队能否拉回来一道参加行动！"姚佐唐扬了扬手杖，爽朗地说："好，我尽力！"

散会后，姚佐唐和孙津川留下来又深入交换了意见。姚佐唐说："组织南京暴动的想法很好，也是中央和省委的要求，但是就目前情况看，能发动多少工人和武装力量参加，能否成功？暴动后到哪儿去？都需要提前考虑。再说，铁道队的武装又被拉到泰安、徐州去了，我病假在家已有时日，集合队伍也有困难。我建议，待工人运动发展起来后，再做考虑，以免造成不必要的损失。"

听到了姚佐唐的一番肺腑之言，孙津川沉思片刻后表示，自己对暴动之事也有所担忧，但声讨"济南惨案"，还有红五月运动一定要开展起来。

第二天下午，天空下着小雨，市委在浦镇机厂西门外大顶山的一个山洼里召开了布置红五月行动的党团联席会议，共有六七十人参加。[1]

会议由孙津川主持。围绕如何在困难条件下坚持斗争的问题，孙津川做了重点发言。他说："在省内，泰兴、如皋、靖江、南通等地农民已先后发动了起义。"会场立刻响起阵阵掌声。许多年轻的共产党员和青年团员纷纷表示，要把传单、标语贴到国民政府的大门上，要在夫子庙、珠江路举行飞行集会，以振奋工农大众。

散会时，出席会议的代表纷纷走上台前，卷起中共南京市委和共青团南京市委联合发出的《告民众书》和市总工会印制的《告工友书》，有的拿了十余份，有的拿了几十份，三三两两分头离去。

5月5日早晨，一场群众示威活动在全市展开。

中央大学大门

---

① 蓝慰民：《南京五月份报告》，1928年5月，南京档案局档案资料。

中央大学(今东南大学)率先行动,1000多名大学生和教职工集中在大操场上召开反日出兵大会。五彩缤纷的小旗在会场舞动,"反对日本帝国主义""反对国民政府对日妥协"的口号震荡在校园上空。在王崇典、齐国庆等人提议下,会议一致通过了成立"南京市各界日货清理委员会",到国民政府请愿示威的议案。会后,大学生们排着整齐的队伍,呼喊着口号绕道鼓楼、新街口,沿中山路奔向国民政府请愿,沿途宣传队员们不停地向群众分发着传单。

途中不断有市民群众加入。经过姚佐唐等人的动员,车站、码头工人也加入其中,渐渐汇成一股强大的人流,向前涌动。一些青年学生还爬上高高的电线杆,呼喊口号,分撒传单。

正在金陵大学的礼堂集会的各学生团体,听说中央大学的游行队伍已经出发,立即整队高呼着"公理所在,誓死必争""强烈要求政府对日抗议"等口号,走出校园,加入游行行列。

意外发生

接到中央大学游行队伍离开校园的电话,蒋介石雷霆大怒,立即叫来卫戍司令和警察局局长,一顿痛斥。蒋介石又下令:要严查!全市要戒严,逮捕上街闹事的为首分子!

一队队荷枪实弹的士兵迅速从明故宫、黄埔路涌向交通要道。"禁止游行,戒严啦!"国民政府的警察边舞动着枪械边叫喊着冲向游行队伍。

游行队伍与国民党军警对峙在长江路、珠江路上。面对凶神恶煞一样的国民党军警,游行队伍毫不退让,纷纷席地而坐,不停地呼喊着口号。

姚佐唐也坐着黄包车来到珠江路上,为游行队伍助威。

临晚,经姚佐唐提醒,孙津川来到队伍中间,找到王崇典、齐国庆,商量下一步计划。孙津川最后指示:我们的目的已经达到,现在大家回校休整一下。千万注意回去时队伍要一起走,防止遭到敌人的迫害。

然而,当天晚上,意外还是发生了。就在王崇典、齐国庆和参加游行的同学们顺利回到学校,在成贤街第二宿舍筹划红五月新计划时,突然有国民党警察破门而入。王崇典、齐国庆等8名党团员遭到逮捕。

事后他们才知道,当晚,团市委召集安徽公学等团支部在台城开会筹划开展红五月斗争,散会后分组来到附近张贴标语。当他们来到明城墙下,拿出标语正在张贴时,被与中共地下组织曾有联系的军校学生龙俊发现,告发给正在附近的国民党巡逻队。史砚芬、王亦铭和负责学委工作的王汇伯等遂被反动军警扣留。

王汇伯被捕后,吓得未待上刑就叛变投敌。由于他的叛变,8名中央大学党团员很快被捕。国民党特务一直严密封锁王汇伯叛变的消息,希冀通过这个叛徒抓获更多的地下党员,故姚佐唐和孙津川也一直被蒙在鼓里。

得到党团组织接连遭到破坏的消息,孙津川和市委其他成员个个义愤填膺。

在兆庆里,孙津川对姚佐唐说:"看来被捕的党员多数挺住了,史砚芬、王亦铭对我们的情况是知道的,但我们仍要做好防止被敌人破坏的准备,隐蔽组织,尽快撤退可能暴露的党员。"

由于党在小营驻军中的力量薄弱,史砚芬和姚佐唐与中央大学党员王澄到驻军策划兵变之计划最终也没能发动起来,暴动夭折。

其实,对于遭到重大挫折的红五月行动,姚佐唐和孙津川都有自己的想法。在与孙津川交谈时,姚多次说过:在现实情况下开展斗争,要多注意研究策略,多做一些群众的宣传和发动工作,不能明知敌人已做好准备,还要以卵击石,硬往上冲! 由此可见,姚佐唐对当时省委、中央的"左"倾盲动行为并不完全赞成,并采取了一定的预先防范措施。

在姚佐唐和孙津川等负责同志的碰头会上,大家一致赞成加紧内部清理和排查,暂停组织活动,发现内奸立即严肃处理,防止新的事故发生。

史砚芬

会上，有同志汇报说，中央大学的学生党员吴剑华在被捕后又出卖了好几位同志。得知这个叛党分子为了领赏，还在下关一带为侦缉队搜集情报，孙津川斩钉截铁地说，必须立即铲除这个毒瘤！

过后不几天，据可靠消息，这个叛徒当晚将出现在下关车站附近的一家舞厅跳舞。孙津川取出手枪，让周长福与何正泉一道急忙赶到下关。正巧这个叛徒与几个同伴从舞厅出来，他们赶紧跟了上去。在一个行人较少的巷口，何正泉掏出手枪……处决了这个叛徒。[①]

在姚佐唐的参与、支持下，南京革命斗争在艰难中逐步发展，地下组织进一步壮大，党支部战斗力也有了提高。到 1928 年 6 月初，全市党员发展到 240 人，全市有中大、铁道队、浦口码头、浦口车站、浦镇大厂、九袱洲农村、伤兵、军官学校、黄包车夫、和记蛋厂等 10 个支部，41 个小组。

侥幸脱险

1928 年 7 月初，一个月明星稀的夜晚。

坐落在下关兆庆里的姚宅又拉开桌子，摆上麻将，泡好茶水，等候孙津川等同志来这里召开一个碰头会。

其时，史砚芬、齐国庆、王崇典等同志已接连被捕，好不容易建立起来的南京党团组织遭到了重大破坏，斗争形势陡然更为严峻。虽然市委采取了应急防范措施，但还是传来消息，浦口、安徽公学等基层组织

---

① 何正泉：《党在我们工人中间——早期南京工人斗争琐记》，《南京党史资料》第 5 期，1983 年 9 月。

雨花台烈士传丛书 姚佐唐传

仍然不断地被敌侦破。下一步还会发生什么事呢？百密一疏，是哪里的篱笆没有扎牢？还有哪些同志需要尽快撤退隐蔽？姚佐唐一边心事重重地琢磨着，一边像往常一样仔细擦桌子、抹板凳。

看你这几天总是心不在焉的，是不是又要出什么事了？妻子关切地问。

姚佐唐欲言又止。

姚佐唐知道孙津川一向十分准时。看看约定的时间快到了，姚佐唐招呼先来的地下党员胥光亮和刚从武汉撤退到南京的老徐等同志坐下来打麻将，让妻子继续看着儿子做功课，自己拎着水瓶到街头的"老虎灶"打开水，顺便察看一下周围的动静。

谁料，刚走出家门就遇见一队军警急匆匆地朝着他家赶来，姚佐唐心中暗叫一声"不好"，急忙向反方向走去。

没走几步，又见一队军警迎面喊着"让开，让开"朝他家的方向撞过来。来不及思考，他连忙拐进一个邻居的家门，让过了急急赶来的军警。

不一会身后不远处传来儿子和宋杰华的哭闹声……

他连忙绕到另一巷口，想截住孙津川来路，但还是迟了一步。

他眼睁睁地看着孙津川被一队国民党军警五花大绑地押走了。

看来，敌人是有备而来，铁道队是不能去了，孙津川家也去不成了，并且，铁道队的战友们是否也受牵连暴露了呢？姚佐唐冷静地思考片刻后，趁着夜色来到他的姻弟宋继西的家。

宋继西是姚佐唐从桐城带出来参加铁道队的，虽然参加工作时间不长，但平常办事积极、灵活，绰号"小老师"。睡梦中的宋继西被叫醒，立即按照姚佐唐的要求，先去一名分队长家下达紧急疏散的通知，然后到下关车站大队部看了一下情况。

不一会，宋继西匆匆赶回，慌慌张张地对姚佐唐说："大队部灯火通明，王润生正在召开会议，好像在布置大清洗！你要赶快躲一躲！"

"你也要注意安全，不行的话，就带杰华回乡下暂避一下风头，我先到上海去避几天！"姚佐唐简单交代后，从宋继西家拿了几块银元作盘缠,找到一辆正待发车开往上海的机车,连夜离开南京。

妄想在姚宅将南京地下党一网打尽的国民党军警,没有抓住姚佐唐,却意外地逮捕了孙津川。他们一面连夜将宋杰华送往看守所,一面在姚宅周围布置了暗哨,希望姚佐唐的伙伴们自投罗网。

第二天上午,宋杰华的表弟姚肇瑞从上海回乡,途经南京到姚宅时,不幸也遭到逮捕。接着,宋继西和没有来得及撤退的铁道队几名队员也落入了国民党军警的魔掌。

7月8日,《时事新报》在显要位置刊登了"南京拿获共党嫌疑犯"的消息。

同年5月至7月,南京全市共有37名党员被捕,其中有市委委员7人。7月23日,《三民导报》在发布国民党南京市政府"京市公安行政年来之回顾"中称:"在去年八月,孙(传芳)匪渡江的时候,首都人心恐慌到了极点……土匪、共产党、国家主义派,也就趁机活动,希图捣乱起来……公安局是唯一的负责者……截至七月十日,统共五个月,破获共产党案七十一件……在五月五日以前,共产党标语单到处发现,全城满布了恐慌,特务股在浦口唯新小学破获了共产党机关,……安徽公学破获了共产党支部,拿获了共犯十六名……"

姚佐唐的表妹姚淑华,在1983年接受采访时回忆说:"国民党先在南京抓他(姚佐唐),没抓到姚而把宋杰华抓去了。我的哥哥姚肇瑞,当时在上海交大读书,暑假回家途经南京,因所乘的轮船国民党要装(运)壮丁,把我哥赶了下来。我哥哥只得下船到了宋杰华家。正好这天晚上国民党到宋杰华家抓人,便把我哥哥也抓去了。后来拿出我哥哥的毕业证书证明是学生(证书上校长是蔡元培),才释放了。"[1]

_____

① 姚淑华口述:《我所知道的姚佐唐》,1983年2月6日,于铜陵,存南京市档案馆。

第十二章

守信仰　雨花台下铸忠魂

再陷囹圄

　　姚佐唐侥幸逃出敌人魔爪，终于抵达上海。然彼时上海也是一片血腥、肃杀的气氛。姚佐唐几经辗转，与党组织取得了联系。不久，党组织通知他做好准备，前往苏联学习。

　　8月的一天，姚佐唐化装来到《申报》报馆，与组织委派送船票的同志接上头。当他回到在法租界的暂住地旅社时，突然发现门是虚掩着的。知道情况不妙，姚佐唐正准备转身，却被一声"姐夫"给叫住了。

　　原来，姻弟宋继西被捕后，国民党军警对他严刑拷打，威逼他说只有交待出姚佐唐的下落，才能放他一条生路，还说姚佐唐只要与他们合作，不仅不会受刑，还能加官进爵。宋继西意志不坚定，到底还是叛变了。他被国民党特务押解来到上海，四处打探多日，不巧就在这天发现了姚佐唐的住处。

姚佐唐来不及反应，当场就被一拥而上的特务和租界巡捕们团团包围。

由于旅店地属法租界，姚佐唐被关进上海法租界最大的监狱——马斯南路监狱（今上海市第二看守所）。几天后，被国民党淞沪警备司令部引渡，押往南京。

姚佐唐被押来南京的当天，在下关车站一带进行了示众。

军警们押着姚佐唐沿着站前广场，自热河路来到兆庆里，再从兆庆里回到下关车站转了一大圈。姚佐唐的邻居李连生目睹了当时的情景。他对采访者说：姚佐唐在上海被捕后，"……南京卫戍司令部的7个宪兵解着，路过我家店前，下了车，喝点茶，……并向我家借了8块钱（银元）……"[1]

姚佐唐被押解到南京后，很快被押送到首都卫戍司令部看守所。

军法处长贺伟峰亲自对姚佐唐进行了审讯：姚大队副，你可也是党国的栋梁，在北伐革命时流过血、负过伤。今天只想问你两个问题，讲清楚了你仍可回铁道队工作，甚至可能换一个更好的位置！

姚佐唐知道自己的身份已经暴露，遂大义凛然地向审讯者宣传革命真理。

贺伟峰连忙阻止，说道："不要再执迷不悟了，我知道你是个硬汉子，也是个文化人，党国欢迎你迷途知返。只要你配合我们，不仅可以放你出去，可以依然做官，官可能比你现在还要高。否则……"任凭贺伟峰巧舌如簧，最后，姚佐唐斩钉截铁地答道："我是姚佐唐，生当作人杰，死亦为鬼雄！"

见软的不行，狱警们开始对姚佐唐施以酷刑：灌辣椒水、上老虎凳、用钢丝鞭抽打……霎时，姚佐唐被打得皮开肉绽，体无完肤。他不停地

---

① 李连生口述，黄学诗整理：《谈姚佐唐情况》，1987年8月30日，于下关姜家园50—4号，存桐城县党史工委。

高声叫骂，最后被打得昏死过去。狱警们七手八脚地把他拖入关押着孙津川、贺瑞麟等同志的牢房……

孙津川等同志被捕后一开始被关押在珠宝廊警察局。但不久，当局发现珠宝廊的附近不断出现革命标语，感到十分紧张，担心哪一天工人们会来劫狱，就将孙津川等转移押到长乐路江苏省特别法庭看守所，后也转移到戒备森严的首都卫戍司令部看守所。

在狱中，孙津川和同志们一直苦苦思索，排查工作的漏洞和叛徒问题。渐渐地，大家把怀疑集中到了王汇伯的身上。

其时，狡诈的敌人已假意将王汇伯逮捕，想利用这个叛徒在狱中监视、诱降被捕的同志。然而在狱中，大家纷纷责问王汇伯，有的同志放声大骂，有的同志直接挥起拳头要打他。敌人见王汇伯已经失去了利用价值，便将他放出监狱。以后，王汇伯变成了中统特务人员。

顽强斗争

首都卫戍司令部看守所的牢房既阴暗又潮湿，地上的木板已经腐烂。晚上睡觉时，狱友们都要侧着身子。时值盛夏，牢房里不时散发出一阵阵令人作呕的臭气，而蚊子、臭虫、跳蚤更是成群结队，爬跳飞舞……八月中旬的一天，由于连续数日高温，一天二顿饭供应的又尽是霉米稀饭、烂萝卜，渴了只能喝上一口发黑的井水，再加上种种酷刑的折磨，狱友们的身体、心理都到了崩溃的边缘。

姚佐唐的旧伤新痕处不停渗出血水，孙津川头发也全掉光了……

狱友们不时地擦着从脊背上流下的汗水，议论着这么热的天，都不让冲个澡。于是从这天晚上起，在孙津川和姚佐唐的带领下，大家开始了绝食斗争。

狱门外，狱卒送来的饭菜很快落满了苍蝇和蚊虫，不到半天就发出难闻的酸臭气。一天，二天，到了第三天，还是没有一个人动一下放在地上的饭菜。

狱方终于屈服了，抬来一大桶水，放在狱门外的小天井中，吆喝狱犯分批擦身、洗澡。

在狱中，无论环境多么恶劣，情势怎样变化，姚佐唐总是怀着革命乐观主义精神刻苦地读书、学习，还时常带领大家高唱《国际歌》《少先队队歌》，鼓舞大家的革命斗志。

一位中央大学的狱友被捕前正在谈恋爱，被捕后每每想到恋人就独自望着窗外的明月，捧着恋人照片叹息垂泪。姚佐唐特意靠过去，和颜悦色地开导他：从京汉路大罢工开始，林祥谦、施洋、游天洋、李大钊、王荷波，那么多了不起的人物都先我们而去了。我们干革命的就应该有随时牺牲的思想准备。我们的牺牲是为着社会、国家和人类，也是为着我们的爱人、亲人，是光荣的，也是值得的、幸福的。孙津川也热情地与这位同志挤坐在一起，劝慰他要坚强起来。在同志们的开导下，这位同志很快就释怀了，与大家有说有笑起来。

姚佐唐、孙津川等同志被捕后，中共江苏省委和有关党组织多次专门商讨营救事宜，并积极动用各方面的关系和力量进行营救。由于姚佐唐、孙津川身份都已暴露，再加上被捕的人员众多，非一般关系能够奏效。省委一开始希望能从国民党的上层关系中打开缺口，但始终没有找到突破的对象。

浦镇机厂、和记洋行和兵工厂党的地下组织，在姚佐唐、孙津川被捕后都积极行动起来，准备开展营救。血气方刚的何正泉多次召集兵工厂城南支部的梁文志、乔盛亮、鲁纪亮等地下党员在老君庙商讨营救方案，并派出专人前往首都卫戍司令部看守所附近察看地形，准备劫狱。经反复琢磨，他们终于制定出了一份较完备的法场营救计划，准备里应外合进行劫狱。

看守所有位警卫排长也是自己人，他伺机把外面同志准备劫法场的计划告诉了孙津川。孙津川见周围没有外人，连连摆手轻声说："不行，千万不可鲁莽从事，这样会给革命带来更大的损失。请你告诉同志们，我坚决反对这种蛮干！"

作为革命者，孙津川、姚佐唐都有家有室，他们何尝不希望能重新

金陵兵工厂旧址（位于今晨光机器厂内）

回到温暖的革命队伍，回到亲人们的身边。但其时，他们想得更多的是，在戒备森严的卫戍司令部看守所，贸然采取行动，怕只会造成更多战友的无谓牺牲，给党的事业带来更大的损失！

是夜，皎洁的月轮高悬于牢房外的深邃夜空，一如姚佐唐等人的心境，含蕴深情又宁静开阔。

第二天一大早，孙津川设法从狱中带出口信，坚决阻止同志们的冒险行动。

国民党当局风闻地下党准备劫狱后，很快加强了各监狱和拘留所的防范。

1983 年，何正泉在一篇回忆文章中说：孙津川、姚佐唐被捕后，组织上立即开展营救工作，但都没有成功。一天，"交通员王雨田带了个姓庄的同志来见我，向我了解情况，要我停止活动。这时国民党内政部公开在报上通缉'在逃共党首领'……在万不得已的情况下，我逃到沈阳，在步枪厂当了工匠"①。

姚佐唐被"判处死刑"后，敌人还想以亲情来软化他，遂将他妻子宋杰华从另一所监狱转到首都卫戍司令部看守所。

---

① 何正泉：《党在我们工人中间——早期南京工人斗争琐忆》，《南京党史资料》第 5 期，1983 年 9 月。

放风时,姚佐唐与许久不见的妻子碰了面。姚佐唐深情地望着怀有身孕的妻子,强忍悲痛,好言宽慰。

宋杰华这段时间也受尽了折磨,身体变得很虚弱。她按照姚佐唐平时的嘱咐,在受审时一口咬定自己是家庭妇女,什么都不知道。到了晚上,挺着大肚子的宋杰华就与难友们一起睡在地上,连床被子都没有。

宋杰华望着脸上没有一丝血色的丈夫,心如刀绞。姚佐唐原先一头浓密的头发几乎掉光了,残腿加上新伤还不停地向外渗着血。

一番好言宽慰后,姚佐唐勉励宋杰华:"你要坚强起来,争取早点从这里走出去!"

后来,在难友们的抗议下,狱警找来一床破被子扔给宋杰华当铺垫。以后,狱警们看到宋杰华挺着大肚子,整天不是叫痛,就是哭哭啼啼,也烦她会在看守所突然生产,加之再没发现其他有价值的线索,遂逐级上报准备释放宋杰华。

9月中旬的一天,宋杰华终于可以"交保释放"了。

临别时,宋杰华忍不住问丈夫:"他们说,你是共产党要犯?"

姚佐唐郑重地回答说:"是的,我是一名共产党员! 这次被捕与上次不同,可能不容易出狱了,孩子大了以后要告诉他们,我是为革命,为求得劳苦大众的幸福生活而牺牲的! 你要努力把孩子培养成人,让他做一个对国家对人民有用的人。"姚佐唐还指指北方,安慰妻子道:"不要担心,也不要太难过。我们还有很多人,我死后,生活上会有人帮助你们的。"①

喋血雨花台

1928年9月27日6时,史砚芬、王崇典、齐国庆被押赴雨花台刑

① 宋瑞兰口述:《我所知道的姚佐唐》,1983年2月6日于桐城地方病防治办公室,存南京市档案馆。

场。史砚芬临行时，身着到南京来时穿的青绿色直贡呢夹长衫、白番布胶皮底鞋、白单裤。因为刚洗过脸，头发梳得光光的。他第一个先出去，神气最安逸，临去时，还向大家行了一个敬礼，又道："再会！"。悲愤难禁的狱友们在姚佐唐、贺瑞麟等人的带领下，唱起悲壮的国际歌为他们送行。

当天夜晚，姚佐唐等人久久不能入睡。

10月6日凌晨，天空尚是一种黎明前的黑暗。

一群国民党军警如狼似虎地涌进监狱，拿着花名册高喊："姚佐唐，孙津川，贺瑞麟！"整个监狱一阵骚动，狱友们知道又要与一批战友永别了，不禁都扒着监槛唱起国际歌，为他们壮行。

由于姚佐唐入狱时的假肢已不知去处，行走困难，刽子手们事先叫了几辆黄包车，将姚佐唐和孙津川、贺瑞麟等人五花大绑地押出监外。为防止他们呼喊口号，还准备了大团的碎布棉花塞入他们口中。

凌晨4时，三人被押往雨花台。在通往雨花台的道路两旁，闻讯赶来为他们送行的百姓渐渐多了起来。为防意外，刽子手决定提前行刑。

在雨花台东边的一片高地上，三名英雄无所畏惧地昂首挺立，露出胜利者的微笑，高呼：

"中国共产党万岁！"

"打倒国民党反动派！"

"革命者是杀不完的……"

高亢的呼喊声穿透苍穹。

随着几声刺耳锥心的枪响，英雄们壮烈牺牲。

姚佐唐，这位卓越的工运领袖、优秀的共产党员，为了共产主义事业洒尽了最后一滴血。

人们挥之不去的悲哀和祈祝，犹如点点落花，飘摇于雨花台的烟雨中。

第二天，即1928年10月7日，《南京民生报》登载：

……准淞沪警备司令部解送共产党要犯姚佐唐一名……姚

佐唐身为军事委员会铁道队队附(副)月食薪饷八十元,应如何恪守法纪忠于党国,不图计不出此,竟敢加入共产党引诱工人入伙,招纳共产党要人罗世藩、孙津川、许敬之等多人在寓所开会筹备暴动案,该犯姚佐唐触犯暂行反革命治罪法第二条第二款……罪处死刑……

宋杰华得到消息,连忙牵着彰生,挺着沉重的身孕,从下关坐黄包车赶往雨花台。一路上,她脑海里掠过一幕幕与姚佐唐在一起的情景:离开桐城时,他牵着她的手,跌跌撞撞在村头小路上奔走;在信阳,他们拥抱着,似乎有说不完的话;在徐州,那个春风扑面的日子,他们带着孩子在云龙山下喜笑颜开;在南京,他们欢喜地重逢在街头……

待宋杰华迈着小脚,带着彰生艰难地赶到雨花台时,姚佐唐的遗体已被刽子手们抬进由 4 块薄板拼凑的棺材,就近葬于雨花台东侧的荒坡下了。

抚摸着坟头上写着丈夫名字的小木牌,宋杰华心如刀割,放声痛哭。赶来的亲友问宋杰华,是不是要将姚佐唐迁回老家安葬。平时没有多少主见的宋杰华说:就让他留在这里吧,他过去说过,喜欢和他的战友在一起。她又哭着喃喃说:"待孩子大了,我们再来这里给他重修一个坟头。"

不久,在党组织和亲友的帮助下,宋杰华离开南京回到桐城老家,生下了遗腹子姚连生(族名"姚大年")。这期间,罗章龙两次派人送来银元。在党组织的关心和亲友照料下,宋杰华和孩子们在家乡艰苦度日。抗战期间,党组织还找到了宋杰华,将他们的儿子送往西安航空机械学校学习。

桐城汽车队宋厚成回忆宋杰华的情况时说:"姚佐唐牺牲后,即回到宋家唐庄她的胞哥宋炎西家,回来的时间大概是八九月份,哪一年记不很清了。姑母回来时带回有一张照片和假腿子,照片是集体照,大约 20 人,照片约 6 寸长 4 寸高,上面的人都穿着铁路工人服,武装整齐,没有枪。姚佐唐坐在中间……假腿子是白色的铁等制成的,听说五四年发大水冲走了……"①

　　新中国成立前,宋杰华随其子姚彰生和姚连生迁居台湾。1990年,姚彰生受过世的母亲及弟弟嘱托来南京凭吊姚佐唐。他在唐家慧等人陪同下参观了雨花台革命烈士纪念馆。唐家慧是姚佐唐的姨侄女,与姚佐唐的后人一直保持联系,时在南京第十二中学工作。

　　在雨花台,姚彰生和许多参观者一样,久久地注视着那座气势磅礴的巨型烈士雕塑群像。其中,那个穿着工装,戴着工帽,神情刚毅不拔的雕像多像是姚佐唐啊。烈士雕塑群像后是幽静的树林,溢翠凝碧。清风拂过,满林的苍翠起伏荡漾,层出不穷,正象征着姚佐唐等无数革命先烈开创的伟大事业已根深叶茂,蓬勃兴盛。

姚彰生(右)来南京凭吊时与表姐
唐家慧(左)的合影

---

① 宋厚成口述:《关于姚佐唐烈士的一点事实》,1991 年 1 月 13 日于桐城县汽车队。

主要参考文献

1. 中共南京市委党史办公室编.南京人民革命史.南京出版社,2005

2. 南京市地方志编纂委员会编.南京政党志.河海大学出版社,1997

3. 中共中央党史研究室编.中国共产党历史 第一卷(1921—1949).上册.中共党史出版社,2002

4. 中华全国总工会中国工人运动史研究室编.中国工运史料.第1至8期.中国工人出版社,1984

5. 中国铁路史编辑研究中心编.中国铁道大事记(1876—1995).中国铁道出版社,1996

6. 中国革命博物馆编.北方地区工人运动资料选编(1921—1923).北京出版社,1981。

7. 罗章龙.椿园载记.生活·读书·新知三联出版社,1984

8. 中国铁路上海局集团有限公司党委宣传部编.长三角铁路革命史话.中国铁道出版社有限公司,2019

9. 张开明.黄逸峰传奇.江苏人民出版社,1995

10. 王士立.铁骨丹心——邓培.中国工人出版社,2016

11. 陈晓声,张永和.品重柱石王荷波.中国工人出版社,2017

12. 肖振才.孙津川传.江苏人民出版社,2018

13. 梁成琛,王庆猛.贺瑞麟传.江苏人民出版社,2016

14. 中共南京市委党史办公室编.南京党史资料.1—100 期.1982—2000

15. 安徽省桐城市史志档办公室相关档案资料

16. 南京市档案馆.南京雨花台烈士陵园管理局馆藏档案

17. 中共江苏省委党史工作办公室.中共江苏地方史.江苏人民出版社,1996

18. 中共江苏省委党史工作办公室编.战斗的历程:中国共产党在江苏.江苏人民出版社,1991

19. 江苏省地方志编纂委员会编.江苏省志简编.江苏人民出版社,2011

20. 中共徐州市委党史工作办公室编.中共徐州历史大事记.中共党史出版社,1999

21. 铜山县档案局编.中共铜山县党史大事记.内部出版,1989

22. 中共南京市委党史办公室编.王荷波纪念图文集.中共党史出版社,2012

后 记

　　2014 年 12 月，习近平总书记在江苏考察时指出："在雨花台留下姓名的烈士就有 1519 名。他们的事迹展示了共产党人的崇高理想信念、高尚道德情操、为民牺牲的大无畏精神。要注意用好用活丰富的党史资源，使之成为激励人民不断开拓前进的强大精神力量。"为了贯彻落实习总书记考察江苏讲话精神和江苏省委要求，铭记革命先烈，弘扬革命精神，服务社会主义核心价值观建设，促进文化建设上新台阶，根据江苏省委宣传部的统一安排，由江苏省委党史工作办公室、南京市委宣传部、南京市委党史工作办公室和南京雨花台烈士陵园管理局等单位联合编纂《雨花台烈士传丛书》。《姚佐唐传》是其中之一。

　　当 2020 年国庆节到来之际，我们终于为本书书稿的最后一节画上了句号。

　　姚佐唐烈士从参加革命开始，一直战斗在中国铁路线上，直至最后牺牲。我们的先辈和后人都在铁路系统工作，与铁路系统有着千丝万缕的关系,因而对姚佐唐烈士自然有着十分亲切的感情。

我们愿把这部沾满桂花香气和铁路气息的书稿,敬献在姚佐唐的遗像前,以告慰他的在天之灵。

为了更好地进行爱国主义和革命传统教育,弘扬姚佐唐的革命精神和高尚品德,再现烈士从一个受剥削受压迫的工人逐步成长为一名伟大的革命斗士的历程,2018年年末,受江苏省委党史工办、南京市委党史工办和雨花台烈士陵园纪念馆的委托,我们开始撰写这本传记。在姚佐唐的姨孙女王阳春以及南京市委党史办诸多同仁的协助下,我们翻阅了大量史料,沿着姚佐唐生平轨迹进行了实地采访,于2019年初开始撰写。

在写作过程中,笔者参阅了《中国共产党历史(1921—1949)》《北方地区工人运动资料选编(1921—1923)》《中国铁路工人运动史(1881—1949)》以及《中国工运史料》(第1—8期),南京市和江苏省档案馆、雨花台革命烈士纪念馆馆藏资料,参阅和引用了中共南京市委党史办公室编写的《南京人民革命史》《南京党史资料》以及中共江苏省委党史工作办公室《党史资料与研究》相关文章,参阅和引用了《南京英烈·姚佐唐》、中共党史出版社出版的《雨花魂·为党随时献一切》、桐城市党史和地方志研究室编写的《桐城人物·姚佐唐》、中国铁路上海局集团有限公司党委宣传部撰写的《长三角铁路革命史话》等。作为作者,对他们的合作与支持,表示由衷的谢意!

趁此机会,笔者还要感谢姚佐唐的后人、桐城姚氏宗亲联谊会姚大彬会长及姚中祥、姚大森在我们前往桐城采访期间的热情接待,并为我们提供了民国时期和近年新编《麻溪姚氏家谱》,介绍了姚佐唐少年时期的相关资料。徐州铁路分局徐州站的老同志崔希初、于海潮等向我们介绍了陇海铁路大罢工的相关情况,并陪同我们参观了陇海铁路大罢工"八号门事件"的发生地。雨花台烈士陵园管理局知名作家孙月红女士提供了查找姚佐唐烈士史料的方便;文史学者王书宽不仅提供了他多年搜集的姚佐唐相关资料,而且提出不少好的建议;著名作家李凤宇、张国防,党史专家吴光祥、王小孚、顾茂富等为本书的撰写也付出了宝贵的心血。中铁快运职员肖兆微在工作繁忙之际,帮助搜集资料,录入文稿。没有他们辛勤的付出,要想完成这部作品是不可能的,谨表示衷心的谢忱。

再次诚挚地感谢一切关心与支持本书编写、出版的同志们和同事们。

由于本人的编写水平和资料所限,书中不足之处在所难免,恳请读者批评和指正。

作　者

2020 年 12 月